D1140956

Studio Visual Steps

Visuele stappengids Picasa

afgeschreven
Openbare Bibliotheek
Hagedoornplein 2
1031 BV Amsterdam
Tel.: 020 - 636.95.52

www.visualsteps.nl

Dit boek is geschreven volgens de Visual Steps™-methode.

Omslagontwerp: Studio Willemien Haagsma bNO

© 2011 Visual Steps B.V.

Opmaak / bureauredactie: Rilana Groot en Jolanda Ligthart

Eindredactie: Ria Beentjes

Tweede druk: januari 2011
ISBN 978 90 5905 047 1

Alle rechten voorbehouden. Niets uit deze uitgave mag worden verveelvoudigd, opgeslagen in een geautomatiseerd gegevensbestand, uitgeleend, of openbaar gemaakt, in enige vorm of op enige wijze, hetzij elektronisch, mechanisch, door middel van fotokopieën, opnamen, of welke wijze ook, zonder voorafgaande schriftelijke toestemming van de uitgever.
Voor zover het maken van kopieën uit deze uitgave is toegestaan op grond van artikel 168 Auteurswet 1912 j° het besluit van 20 juni 1974, Stb. 351, zoals gewijzigd bij het Besluit van 23 augustus 1985, Stb. 471 en artikel 17 Auteurswet 1912, dient men de daarvoor verschuldigde vergoedingen te voldoen aan de Stichting Reprorecht (Postbus 882, 1180 AW Amstelveen). Voor het overnemen van gedeelte(n) uit deze uitgaven in bloemlezingen, readers en andere compilatiewerken (artikel 16 Auteurswet 1912) dient men zich tot de uitgever te wenden.
Ondanks alle aan de samenstelling van de tekst bestede zorg, kan noch de redactie, noch de auteur, noch de uitgever aansprakelijkheid aanvaarden voor eventuele schade, die zou kunnen voortvloeien uit enige fout, die in deze uitgave zou kunnen voorkomen.
In dit boek komen namen voor van gedeponeerde handelsmerken. Deze namen zijn in de tekst niet voorzien van een handelsmerksymbool, omdat ze slechts fungeren als aanduiding van de besproken producten. Hierbij wordt op geen enkele wijze getracht inbreuk te maken op de rechten van de handelsmerkhouder.

Wilt u meer informatie?
www.visualsteps.nl

Heeft u vragen of suggesties over dit boek?
E-mail: info@visualsteps.nl

Website bij dit boek:
www.visualsteps.nl/stappengidspicasa

Abonneren op de gratis Visual Steps Nieuwsbrief:
www.visualsteps.nl/nieuwsbrief

Inhoudsopgave

10. Meer opties 125

Bijlagen

Inleiding

Tijdens het werken met *Picasa* heeft u wellicht regelmatig vragen als: hoe orden ik mijn foto's, hoe snijd ik een foto bij of hoe geef ik een foto een fraai effect? In de *Visuele stappengids Picasa* krijgt u antwoord op deze en andere veelgestelde vragen.

In dit handige naslagwerk zoekt u veelgebruikte opties en functies in *Picasa* snel op. Per item wordt een afgeronde, efficiënte serie stappen aangeboden. Door de visuele weergave van de stappen kunt u de handelingen gemakkelijk uitvoeren.

In de Visuele stappengids:

- ziet u bij iedere stap een pictogram, of met een instructie die aangeeft wat u precies moet doen;
- wordt uitgegaan van de standaardsituatie van *Picasa*;
- wordt ervan uitgegaan dat u beschikt over basiskennis computervaardigheid;
- kunt u begrippen die u niet kent opzoeken in *Bijlage A Begrippenlijst*.

Een overzicht van alle Visual Steps-boeken vindt u op **www.visualsteps.nl**
Op deze website kunt u zich ook met enkele muisklikken aanmelden voor de **gratis Visual Steps Nieuwsbrief** die per e-mail wordt verspreid.
In deze Nieuwsbrief ontvangt u ongeveer twee keer per maand informatie over de nieuwste titels en eerder verschenen boeken, speciale aanbiedingen en kortingsacties.

1 Bibliotheek 

Met *Picasa* kunt u foto- en videobestanden beheren en bewerken. Het programma zoekt bij de eerste keer openen naar mappen met foto's en video's op de harde schijf van uw pc. U kunt zelf aangeven welke mappen doorzocht moeten worden.
De mappen op de harde schijf, waarin afbeeldingen en video's gevonden zijn, worden weergegeven in de bibliotheek van *Picasa*. De mappen die in de bibliotheek worden getoond, zijn de daadwerkelijke mappen op de harde schijf van uw computer. De mappen die u in *Picasa* ziet, kunt u dus ook openen in *Windows Verkenner*.
Wanneer u wijzigingen aanbrengt in de mappen in *Picasa*, worden deze doorgevoerd in de daadwerkelijke mappen op de harde schijf van uw computer. Door bijvoorbeeld een foto uit een map in *Picasa* te verwijderen, verwijdert u deze ook van de harde schijf van uw pc.
Naast mappen kan de bibliotheek ook albums bevatten. Albums stelt *Picasa* zelf samen. U kunt albums maken die bestaan uit combinaties van foto's en video's uit meerdere mappen. Een *Picasa*-album is een virtuele verzameling van foto's en video's. Dat betekent dat een *Picasa*-album alleen in *Picasa* zichtbaar is en niet in *Windows Verkenner*. Wanneer u in *Picasa* foto's uit zo'n album verwijdert of verplaatst, blijven de oorspronkelijke bestanden gewoon op hun oorspronkelijke locatie op uw harde schijf staan.

De onderwerpen in dit hoofdstuk:

- *Picasa* de eerste keer starten en de onderdelen van de bibliotheek
- Gezichtsherkenning, mappenbeheer en sorteren
- Weergave mappen, miniaturen en weergavemodus
- Foto's verplaatsen naar andere map en volgorde foto's aanpassen
- Map verplaatsen, splitsen en bestanden en mappen verwijderen
- Afbeeldingen verbergen en zichtbaar maken
- Foto's zoeken, labels en fotovak
- Beschrijving aan map toevoegen
- Bestandsnaam wijzigen en datum en tijd van foto aanpassen
- Dubbele bestanden weergeven
- Locatie toevoegen
- Albums en beoordelen met ster
- Zoomen in de bibliotheek van *Picasa*
- Bestand(en) in de standaard editor weergeven
- *Picasa* als standaardprogramma instellen

1.1 Picasa de eerste keer starten

U start *Picasa* als volgt:

Dubbelklik op het bureaublad op 

Of:

Klik op , ▸ Alle programma's, Picasa 3, Picasa 3

De helpfunctie van *Picasa* wordt in *Internet Explorer* geopend.

Sluit *Internet Explorer*

Als u *Picasa* voor de eerste keer start, biedt het programma aan uw computer te scannen op afbeeldingen. U kunt zelf aangeven welke mappen op uw pc u wilt laten scannen. Als u op uw pc zelf uw foto's in de map (*Mijn*) *Afbeeldingen* of (*Mijn*) *Documenten* plaatst, kunt u kiezen voor **Alleen Mijn Documenten, Mijn afbeeldingen en het bureaublad scannen**.
Bij de keuze **Mijn computer volledig scannen op afbeeldingen** wordt de gehele harde schijf doorzocht.

Klik een rondje bij de gewenste optie

Met *Picasa* wordt een fotoviewer meegeleverd. Als u *Picasa* voor de eerste keer start, kunt u deze instellen als standaardprogramma voor het tonen van afbeeldingen. Dat doet u als volgt:

Zie ook: 1.27 Picasa als standaard-programma instellen

Klik een rondje bij **De Picasa fotoviewer als standaardviewer gebruiken voor deze bestandstypen:**

Klik een vinkje bij de gewenste bestandstypen

Als u *Picasa Fotoviewer* niet als standaardprogramma voor het tonen van afbeeldingen wilt gebruiken:

Klik een rondje bij **De Picasa fotoviewer niet gebruiken**

Klik op **Voltooien**

Picasa doorzoekt nu de geselecteerde mappen op de harde schijf van uw pc.

1.2 Onderdelen van de bibliotheek

Na het openen van *Picasa* ziet u als eerste venster altijd de bibliotheek met links de mappenlijst:

Hier ziet u alle mappen waarin afbeeldingen of videobestanden zijn gevonden en ook de albums die u maakt in *Picasa*:

Het miniaturenoverzicht toont de inhoud van de mappen/albums:

Bij elke map wordt de naam en de opnamedatum van de oudste foto in die map weergegeven:

In het fotovak onder in het venster kunt u handelingen uitvoeren voor één of meer foto's:

1.3 Gezichtsherkenning

Zie ook: 1.23 Albums

Picasa scant de afbeeldingen direct op de aanwezigheid van gezichten. Gevonden gezichten worden in het album **Personen (1)** geplaatst. U kunt deze gezichten benoemen zodat u later gemakkelijk alle foto's van één persoon terug kunt vinden:

Klik in de mappenlijst op **Naamloos**

Mogelijk ziet u een venster met informatie over deze functie. Deze kunt u sluiten:

Klik op 

U ziet de gevonden gezichten en kunt de personen een naam geven:

Klik bij een foto op Een naam toevoegen

Typ een naam

Druk op
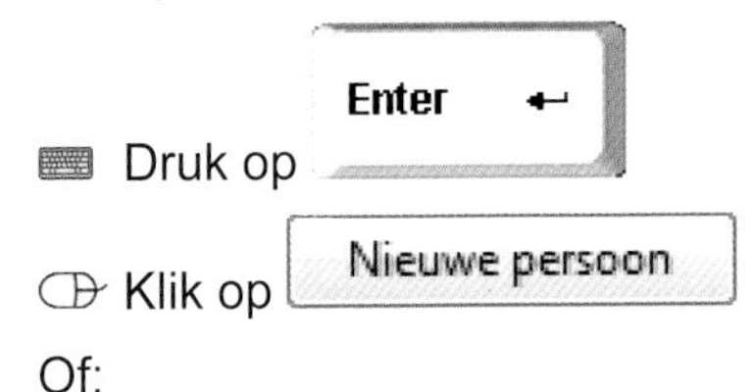

Klik op

Of:

Klik op Personen

Klik bij een foto op Een naam toevoegen

Typ een naam

Druk op
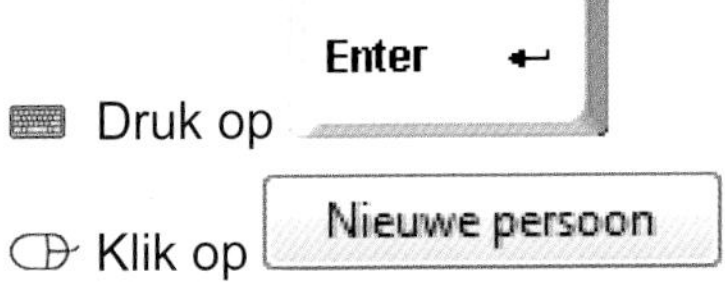

Klik op

Of:

Klik op Beeld, Personen

Klik bij een foto op Een naam toevoegen

Typ een naam

Druk op
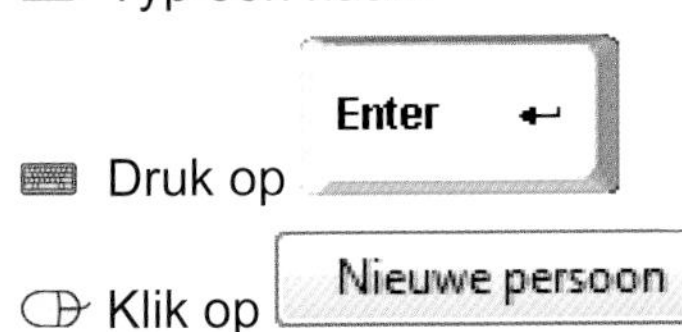

Klik op

U kunt de naam aanvullen, een bijnaam typen en een e-mailadres toevoegen. Om het synchroniseren met contactpersonen en webalbums uit te zetten:

Zie ook: 5.3 Web-album synchroniseren

- Klik het vinkje ☑ weg bij
  Synchroniseren met contactpersonen en webalbums
- Klik op OK

Als er meerdere foto's van dezelfde persoon zijn, kunt u de naam direct kiezen:

- Rechtsklik op de foto
- Klik op Toevoegen aan personenalbum
- Klik op de naam

Om een naam en daarmee het personenalbum te verwijderen:

- Rechtsklik linksboven in het venster bij **Personen** op de naam
- Klik op Personenalbum bewerken...
- Klik op de naam
- Klik op Persoon verwijderen, Ja

☞ Sluit het venster

Of:

- Rechtsklik linksboven in het venster bij **Personen** op de naam
- Klik op Album verwijderen
- Klik een vinkje ☑ bij
  Gelabelde gezichten ook verwijderen uit gesynchroniseerde Picasa Webalbums
- Klik op Album verwijderen

Heeft u mensen gefotografeerd die u niet kent, dan kunt u die gezichten uit het album *Naamloos* negeren:

- Klik bij de foto op ☒
- Klik op Persoon negeren

Om later toch genegeerde gezichten te tonen:

- Klik op Genegeerde gezichten weergeven

Om Gezichtsherkenning uit te schakelen:

- Klik op Extra, Opties...
- Klik op tabblad Naamlabels
- Klik het vinkje ☑ weg bij Gezichtsherkenning inschakelen:
- Klik op OK

U kunt de mate van herkenning van mensen in *Picasa* aanpassen. Herkent het programma weinig personen, dan verhoogt u de suggestiedrempel als volgt:

- Klik op Extra, Opties...
- Klik op tabblad Naamlabels
- Klik een vinkje ☑ bij Suggesties inschakelen:
- Sleep het schuifje bij Suggestiedrempel naar rechts

Wanneer *Picasa* weinig mensen herkent, kunt u de suggestiedrempel verlagen:

- Sleep het schuifje bij Suggestiedrempel naar links
- Klik op OK

De clusterdrempel geeft aan in hoe ver *Picasa* gezichten clustert bij het 'onbekende namen'-overzicht. Om ervoor te zorgen dat meer gezichten bijeen worden gezet op de naampagina:

- Klik op Extra, Opties...
- Klik op tabblad Naamlabels
- Klik een vinkje ☑ bij Suggesties inschakelen:
- Sleep het schuifje bij Clusterdrempel naar links

Wanneer u wilt dat alleen sterk gelijkende foto's op de naampagina bij elkaar worden geclusterd:

Sleep het schuifje bij **Clusterdrempel** naar rechts

Klik op **OK**

1.4 Mappenbeheer

U kunt voor iedere map op de harde schijf apart instellen of deze wel of niet gescand moet worden door *Picasa*. Met de functie Mappenbeheer bepaalt u exact welke mappen moeten worden gescand:

Klik op **Extra**, **Mappenbeheer...**

Of:

Klik op **Bestand**, **Map aan Picasa toevoegen...**

Bij de mappen die gescand worden, ziet u . Als u een map niet wilt laten scannen in *Picasa*, maar wel op de harde schijf van uw pc wilt laten staan:

Selecteer de map

Klik een rondje bij **Verwijderen uit Picasa**

Wilt u dat alle veranderingen in de mappen automatisch worden gescand en opgenomen in *Picasa*:

Klik een rondje bij **Altijd scannen**

Wilt u een map eenmalig scannen:

Klik een rondje bij **Eenmaal scannen**

1.5 Sorteren

De mappenlijst wordt in *Picasa* standaard gesorteerd op de aanmaakdatum van de oudste foto in iedere map. U ziet dus de mappen op volgorde van jaar. U kunt de mappenlijst ook op andere manieren sorteren:

Zie ook: 1.15 Foto's zoeken

Klik op **Beeld**, **Mapweergave**

Of:

Klik boven in het venster op

U kunt sorteren op datum, recente wijzigingen, formaat en naam:

Klik op de gewenste optie

U kunt ook instellingen maken voor sorteren op naam:

Klik bij **Personen sorteren** op de gewenste optie

1.6 Weergave mappen

Standaard toont *Picasa* de mappen in een platte mappenstructuur. Om de mappen in een boomstructuur, of wel de manier waarop *Windows* zijn mappen ordent, weer te geven:

Zie ook: 1.8 Weergavemodus

Klik boven in het venster op

Of:

Klik boven in het venster op , **Vereenvoudigde boomstructuur**

Of:

Klik op **Beeld**, **Mapweergave**, **Boomstructuur**

1.7 Weergave miniaturen

Zie ook: 1.8 Weergavemodus

U kunt de miniaturen in de bibliotheek op twee manieren laten weergeven. Voor normale en kleine miniaturen:

- Klik op **Beeld**
- Klik op **Kleine miniaturen** of **Normale miniaturen**

Om de bestandsnaam, titel, label of resolutie weer te geven, doet u het volgende:

- Klik op **Beeld**, **Titel miniatuur**
- Klik op de gewenste optie

1.8 Weergavemodus

Zie ook: 1.7 Weergave miniaturen

De weergavemodus van de bibliotheek kunt u naar eigen wens aanpassen.

- Klik op **Beeld**, **Weergavemodus**
- Klik op de gewenste optie(s)

1.9 Foto's verplaatsen naar andere map

Zie ook: 1.12 Map splitsen

Om foto's naar een andere map te verplaatsen:

- Klik op de foto

Of als u meerdere foto's wilt verplaatsen:

- Klik op een foto
- Druk op **Ctrl**
- Klik op de andere foto('s)
- Laat **Ctrl** los

Of om een aaneengesloten groep foto's te selecteren:

Klik op de eerste foto van de groep

Druk op  en houd deze ingedrukt

Klik op de laatste foto

Laat 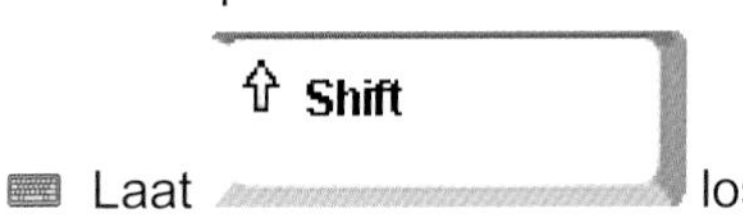 los

Versleep de foto('s) naar de gewenste map

Klik, indien nodig, op Bestanden verplaatsen

Om een foto naar een nieuwe map te verplaatsen:

Rechtsklik op de foto

Klik op Naar nieuwe map verplaatsen...

Typ een naam voor de map

Klik op OK

1.10 Volgorde foto's aanpassen

Zie ook: 1.9 Foto's verplaatsen naar andere map

Om de volgorde van de foto's in een map handmatig aan te passen:

Klik op de foto

Versleep de foto naar de gewenste plaats

Houd er rekening mee dat deze wijzigingen alleen in *Picasa* te zien zijn en niet in *Windows Verkenner*.

1.11 Map verplaatsen

U kunt in *Picasa* een map verplaatsen. Houd er wel rekening mee dat als u via *Picasa* een map verplaatst, deze ook in *Windows Verkenner* wordt verplaatst. U doet dit als volgt:

Rechtsklik op de map

Klik op Map verplaatsen...

Of:

Klik op de map

Klik op Map, Verplaatsen...

Klik op de gewenste locatie

Klik op 

Om een nieuwe map te maken:

Klik op 

Typ een naam

Klik op 

1.12 Map splitsen

Een map met foto's kunt u splitsen. Zo kunt u een deel van de foto's uit een map naar een nieuwe map verplaatsen:

Zie ook: 1.9 Foto's verplaatsen naar andere map

Rechtsklik op de eerste foto van het deel dat u wilt verplaatsen

Klik op Map hier splitsen...

Typ een naam voor de map

Klik op OK

1.13 Verwijderen

Om een afbeelding te verwijderen uit *Picasa* en van uw harde schijf:

Klik op de afbeelding

Druk op Delete

Klik op Afbeelding verwijderen

Of:

Rechtsklik op de afbeelding

Klik op Verwijderen van vaste schijf

Klik op Afbeelding verwijderen

Of:

Klik op de afbeelding

Klik op Beeld, Verwijderen van vaste schijf

Klik op Afbeelding verwijderen

Als u een map wilt verwijderen uit *Picasa* en van uw harde schijf:

Klik op de map

Druk op Delete

Klik op Map verwijderen

Of:

Rechtsklik op de map

Klik op Map verwijderen...

Klik op Map verwijderen

Of:

- Klik op de map
- Klik op **Beeld**, **Verwijderen van vaste schijf**
- Klik op **Map verwijderen**

U kunt als volgt een album verwijderen uit *Picasa*:

- Klik in de mappenlijst op het album
- Klik op **Bestand**, **Verwijderen uit album**
- Klik op **Ja**

Of:

- Rechtsklik op het album
- Klik op **Album verwijderen**
- Klik op **Album verwijderen**

1.14 Afbeeldingen verbergen en zichtbaar maken

U kunt afbeeldingen verbergen. Deze worden dan niet weergegeven in de bibliotheek, maar wel in *Windows Verkenner*. U verbergt een afbeelding als volgt:

- Rechtsklik op de afbeelding
- Klik op **Verbergen**

Of:

- Klik op de afbeelding
- Klik op **Afbeelding**, **Verbergen**

Om de afbeelding weer zichtbaar te maken:

- Klik op **Beeld**, **Verborgen afbeeldingen**
- Rechtsklik op de afbeelding
- Klik op **Zichtbaar maken**

Of:

Klik op de afbeelding

Klik op **Afbeelding**, **Zichtbaar maken**

1.15 Foto's zoeken

Met de zoekfunctie van *Picasa* zoekt u eenvoudig en snel uw foto's:

Zie ook: 1.5 Sorteren

Klik in het zoekvak

Typ het zoekwoord

De foto's met dat zoekwoord in de naam worden getoond. Om een specifieke foto te vinden:

Klik in de keuzelijst op de betreffende foto

Het getal ernaast geeft het aantal foto's aan die aan het zoekcriterium voldoen. U ziet alleen de door u gezochte foto. Om het zoeken te stoppen:

Klik op

In plaats van naar de bestandsnaam van een foto kunt u ook zoeken naar andere kenmerken, zoals het type camera of label.

U kunt op zoek gaan naar een bepaalde kleur in uw verzameling met afbeeldingen:

Klik op **Extra**, **Experimenteel**, **Zoeken naar...**

Klik op de gewenste kleur

De zoekresultaten kunt u in een album opslaan. Wanneer de zoekresultaten getoond worden, doet u het volgende:

Klik op **Extra**, **Experimenteel**, **Zoekresultaten opslaan...**

Typ een naam voor de map

Klik op **OK**

Als u wilt zoeken naar een bestand op de harde schijf van uw pc:

Klik op **Bestand**, **Zoeken op schijf**

Windows Verkenner wordt geopend. U kunt het bestand zoeken zoals u gewend bent in *Windows*.

Om een map te zoeken vanuit *Picasa*:

Klik op **Map**, **Zoeken op schijf**

Windows Verkenner wordt geopend. U kunt de map zoeken zoals u gewend bent in *Windows*.

1.16 Labels

U kunt zelf trefwoorden aan foto's toevoegen om deze gemakkelijker te vinden. Hiervoor voegt u *labels* (tags) toe aan een foto:

Zie ook: 1.24 Beoordelen met ster

Klik op de foto

Klik op **Labels**

Of:

Klik op **Beeld**, **Labels**

Typ een naam voor het label

Klik op +

Om een label te verwijderen:

Klik op het label

Klik op

Van een bepaald label kunt u ook een album maken in *Picasa*:

Klik op **Extra**, **Experimenteel**, **Label als album weergeven...**

Typ een naam voor het album

Klik op **OK**

Als u klaar bent, kunt u het zijvenster sluiten:

Klik op

1.17 Fotovak

Zie ook: Hoofdstuk 2 Bewerken

In het fotovak van *Picasa* worden de foto's weergegeven die u heeft geselecteerd. Met deze geselecteerde afbeeldingen kunt u allerlei handelingen uitvoeren. Om een afbeelding in het fotovak te plaatsen, doet u het volgende:

Klik op de afbeelding

U ziet de afbeelding in het fotovak en houdt de afbeelding als volgt vast:

Klik op

Om meerdere afbeeldingen uit een map te selecteren:

Klik in het mapvenster op de map

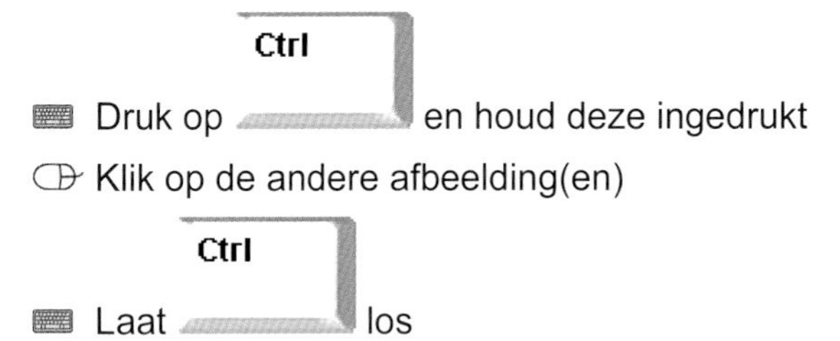

Druk op Ctrl en houd deze ingedrukt

Klik op de andere afbeelding(en)

Laat Ctrl los

Of om een aaneengesloten groep afbeeldingen te selecteren:

Klik in het mapvenster op de map

Klik op de eerste afbeelding van de groep

Druk op ⇧ Shift en houd deze ingedrukt

Klik op de laatste afbeelding

Laat ⇧ Shift los

Als u meerdere afbeeldingen uit verschillende mappen wilt selecteren:

Klik in het mapvenster op de map

Selecteer de afbeelding(en)

Klik op

Klik op een andere map

Selecteer de afbeelding(en)

Om afbeeldingen uit het fotovak te verwijderen:

Klik in het fotovak op de afbeelding

Klik op

1.18 Beschrijving aan map toevoegen

Zie ook: 2.27 Bijschrift toevoegen

U kunt aan een map een beschrijving toevoegen:

Klik bij de betreffende map op Een beschrijving toevoegen

Typ een beschrijving

1.19 Bestandsnaam wijzigen

Zie ook: 2.27 Bijschrift toevoegen

U kunt een bestandsnaam als volgt wijzigen:

Klik op de afbeelding

Klik op Bestand, Naam wijzigen...

Of als u van meerdere bestanden de bestandsnaam tegelijkertijd wilt wijzigen:

Selecteer de afbeeldingen

En/of:

Klik op de map, het album of de geselecteerde afbeeldingen

Klik op Afbeelding, Meerdere bewerken, Naam wijzigen...

Of:

Typ een naam

Klik op Naam wijzigen

1.20 Datum en tijd van foto aanpassen

U kunt de fotodatum en -tijd aanpassen. Dat doet u als volgt:

Klik op de foto

Klik op Extra, Datum en tijd aanpassen...

Typ bij Nieuwe fotodatum: een datum en tijd

Of:

Selecteer een andere datum met

Selecteer een andere tijd met

Klik op OK

1.21 Dubbele bestanden weergeven

Als u dubbele bestanden wilt verwijderen, kunt u als volgt de dubbele bestanden laten weergeven:

Klik op Extra, Experimenteel,
Dubbele bestanden weergeven

1.22 Locatie toevoegen

Zie ook: 10.7 Geocoderen

U kunt aan een foto en album een locatie toevoegen. Dat doet u als volgt:

Klik op de foto of het album

Klik op 

Typ een locatie

Om de locatie toe te voegen:

Klik op OK

1.23 Albums

Zie ook: 1.24 Beoordelen met ster

Naast de normale *Windows*-mappen kent *Picasa* albums. Een album wordt gebruikt om de door u geselecteerde foto's bij elkaar te laten tonen. In feite worden in zo'n album alleen de koppelingen naar foto's op de harde schijf opgeslagen. De foto's worden dus niet werkelijk verplaatst naar een album, maar zijn daarin wel zichtbaar. Een foto kan in meerdere albums worden opgenomen. Om zelf een album te maken, doet u het volgende:

Klik op 

Of:

Klik op Bestand, Nieuw album...

Typ een naam voor het album

Om een andere datum toe te voegen:

Typ bij Datum: een datum

Of:

Selecteer een andere datum met 

Wanneer u muziek wilt toevoegen:

Klik een vinkje bij **Muziek:**

Klik op **Bladeren...**

Selecteer de gewenste muziek

Om een opnamelocatie toe te voegen:

Typ bij **Opnamelocatie (optioneel):** een opnamelocatie

Om een beschrijving toe te voegen:

Typ bij **Beschrijving (optioneel):** een beschrijving

Als u klaar bent:

Klik op **OK**

U ziet het album. Om een foto toe te voegen:

Rechtsklik op de foto

Klik op **Toevoegen aan album**

Klik op het gewenste album

Of:

Sleep de foto naar het album

Om foto's uit verschillende mappen te verzamelen en in één keer in het album te plaatsen:

Plaats de gewenste foto's in het fotovak (zie *1.17 Fotovak*)

Klik in het fotovak op

Klik op de naam van het album

Of:

Sleep de foto's naar het album

1.24 Beoordelen met ster

Zie ook: 6.5 Beoordelen met ster

Picasa kent enkele speciale albums, zoals Foto's met ster. In dat album kunt u bijvoorbeeld uw beste of belangrijkste foto's opnemen. Dat doet u als volgt:

Klik op de foto

Klik in het fotovak op 

Klik op Foto's met ster

Of:

Klik op de foto

Klik onder in het venster op 

Of:

Sleep de foto naar Foto's met ster

Of:

Rechtsklik op de foto

Klik op **Toevoegen aan album**, **Foto's met ster**

U ziet dat de foto is toegevoegd aan het album. Om te zien welke foto('s) u een ster heeft gegeven:

Klik op Foto's met ster

1.25 Zoomen in de bibliotheek van Picasa

Zie ook: 2.28 Zoomen in het bewerkings-venster

Onder in het hoofdvenster van *Picasa* vindt u een schuifknop waarmee u kunt in- of uitzoomen op de mappen, albums en afbeeldingen:

Versleep het schuifje bij

Of:

Klik op en sleep over de foto

1.26 Bestand(en) in de standaard editor weergeven

Vanuit *Picasa* kunt u een bestand gemakkelijk in het ingestelde standaardprogramma voor foto's en/of video's openen:

Zie ook: 1.27 Picasa als standaard-programma instellen

- Klik op het bestand
- Klik op **Bestand**, **Bestand(en) openen in een editor**

1.27 Picasa als standaardprogramma instellen

U kunt *Picasa* in *Windows* als standaardprogramma voor het openen en bewerken van uw foto's instellen. Voor *Windows 7 en Windows Vista*:

- Klik op [Start], Configuratiescherm, Programma's
- Klik op Uw standaardprogramma's instellen
- Klik op Picasa-fotoviewer, Dit programma als standaard instellen, OK

In *Windows XP*:

- Klik op start, Configuratiescherm, Vormgeving en thema's, Mapopties
- Klik op tabblad Bestandstypen
- Klik op een bestandstype, bijvoorbeeld JPG JPG-bestand, Wijzigen...
- Klik op Picasa-fotoviewer, OK

2 Bewerken

Picasa biedt een aantal mogelijkheden om uw foto's aan te passen en te corrigeren. Een slecht belichte of scheve foto kunt u hierdoor toch nog corrigeren.
Daarnaast bevat *Picasa* verschillende standaard effecten die u met enkele muisklikken kunt toepassen op uw foto's.
In dit hoofdstuk leest u hoe u de basisbewerkingen voor corrigeren en effecten toepassen in *Picasa* kunt gebruiken.

De onderwerpen in dit hoofdstuk:

- De tabbladen voor bewerkingen
- Volgende of vorige afbeelding bekijken in bewerkingsvenster
- Diavoorstelling openen vanuit bewerkingsvenster
- Vanuit bewerkingsvenster uploaden naar Drop Box
- Bijsnijden
- Recht maken
- Rode ogen verwijderen
- Automatische correctie
- Belichting en contrast aanpassen
- Kleur aanpassen
- Retoucheren
- Tekst toevoegen
- Scherper maken
- Sepia-effect
- Zwart-wit effect
- Warmer maken
- Korrelig effect
- Tint wijzigen
- Verzadiging
- Zachte focus
- Glans
- Gefilterde zwart-witfoto
- Zwart-witte focus
- Geleidelijke tint
- Groepsbewerking
- Ongedaan maken
- Bijschrift toevoegen
- Zoomen in het bewerkingsvenster

2.1 De tabbladen voor bewerkingen

In het bewerkingsvenster vindt u verschillende tabbladen met allerlei hulpmiddelen om uw foto's te corrigeren. Vanuit het hoofdvenster van *Picasa* opent u deze tabbladen. Om het tabblad *Basisbewerkingen* te openen:

Dubbelklik op de foto

Of:

Klik op de foto

Klik op Afbeelding, Bekijken en bewerken

Of:

Rechtsklik op de foto

Klik op **Bekijken en bewerken**

Of:

Klik op de foto

Druk op 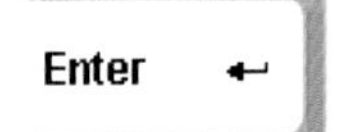

U ziet de mogelijkheden voor bewerken op het tabblad *Basisbewerkingen*:

Dit tabblad gebruikt u om automatische bewerkingen toe te passen.

Verder ziet u de gegevens van de foto:

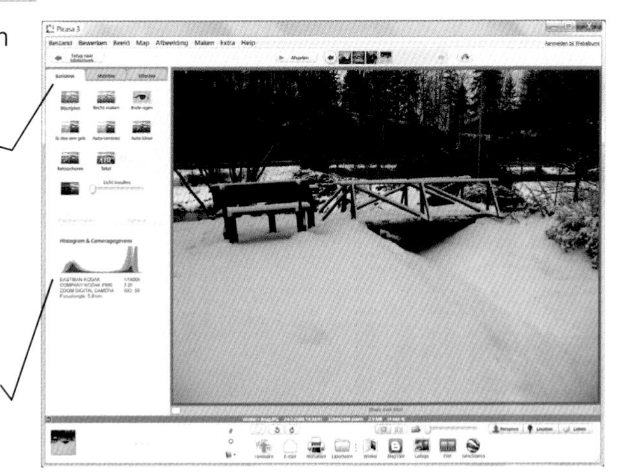

Om het tabblad *Afstellen* te openen:

Klik op tabblad Afstellen

U ziet de mogelijkheden voor bewerken op het tabblad *Afstellen*:

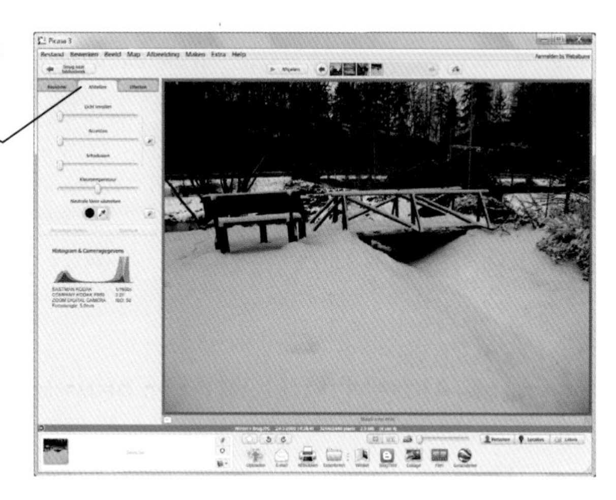

Het tabblad *Afstellen* gebruikt u vooral bij het handmatig bewerken van foto's.

Om het tabblad *Effecten* te openen:

Klik op tabblad **Effecten**

U ziet de mogelijkheden voor het toepassen van effecten op het tabblad *Effecten*:

2.2 Volgende of vorige afbeelding bekijken in bewerkingsvenster

Zie ook: 6.1 Diavoorstelling afspelen

U bekijkt als volgt de volgende of vorige afbeelding in het bewerkingsvenster:

Klik boven in het venster op 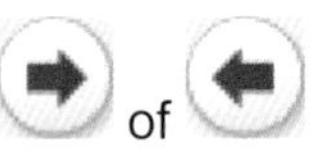 of

2.3 Diavoorstelling openen vanuit bewerkingsvenster

Zie ook: 6.1 Diavoorstelling afspelen

Een diavoorstelling start u als volgt vanuit het bewerkingsvenster:

Klik op ▶ Afspelen

2.4 Vanuit bewerkingsvenster uploaden naar Drop Box

Zie ook: Hoofdstuk 5 Webalbum en weblog

Afbeeldingen vanuit het bewerkingsvenster uploaden naar de Drop Box werkt als volgt:

Klik op

Volg de handelingen zoals beschreven in *5.5 Foto's uploaden met de Drop Box*

2.5 Bijsnijden

U snijdt een foto als volgt bij:

Klik op tabblad Basisbew.

Klik op 

Om handmatig een uitsnede te maken:

- Klik, indien nodig, op ▼
- Klik op **Handm.**
- Sleep een rechthoek over de foto

U kunt ook een bepaalde verhouding kiezen:

- Klik op ▼
- Klik op de gewenste verhouding
- Sleep een rechthoek over de foto

Om zelf een verhouding in te voeren:

- Klik op ▼
- Klik op **Aangepaste beeldverhouding toevoegen...**
- Typ bij Afmetingen: de gewenste afmeting
- Typ bij Naam: de gewenste naam
- Klik op OK

Picasa stelt zelf een aantal uitsnedes voor. Als u daarvoor wilt kiezen:

- Klik op een voorbeelduitsnede

Om de uitsnede te wijzigen:

- Plaats de aanwijzer op een hoekpunt
- Versleep het hoekpunt

Om de uitsnede te wissen:

- Klik op **Wissen**

U kunt de uitsnede tussentijds roteren:

- Klik op **Roteren**
- Versleep het hoekpunt

Om een voorbeeld van de uitsnede te tonen:

Klik op Voorbeeld

Als u tevreden bent over de uitsnede:

Klik op Toepassen

Om te annuleren:

Klik op Annuleren

2.6 Recht maken

Foto's met bijvoorbeeld scheve gebouwen zet u als volgt recht:

Klik op tabblad Basisbew.

Klik op Recht maken

Versleep het schuifje tot het object recht staat

Om de bewerking toe te passen:

Klik op TOEPASSEN

Om de bewerking te annuleren:

Klik op Annuleren

2.7 Rode ogen verwijderen

U verwijdert als volgt rode ogen uit een foto:

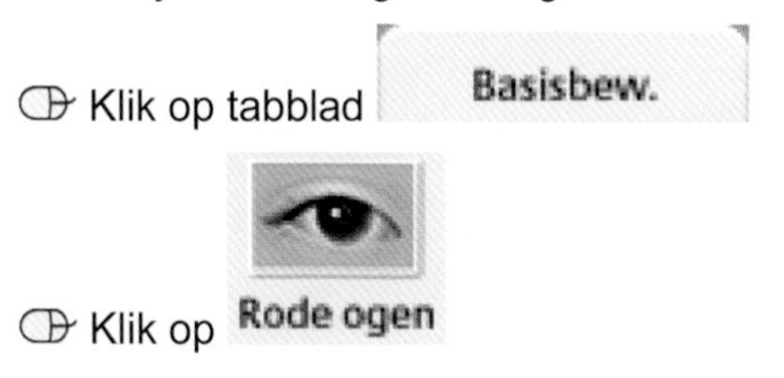

Klik op tabblad

Klik op

Zijn de rode ogen nog niet geheel verwijderd? Dan kunt u dit ook handmatig doen:

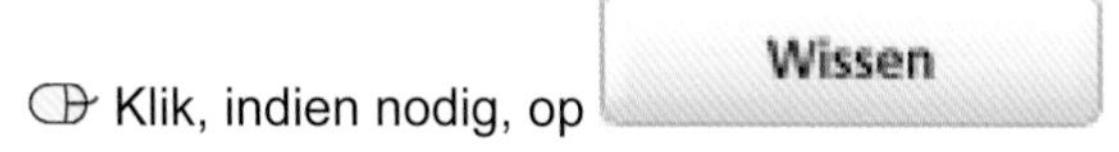

Klik, indien nodig, op

Plaats de aanwijzer linksboven de rode pupil van een oog

Sleep schuin over het oog tot de rode pupil erin staat

Om de bewerking toe te passen:

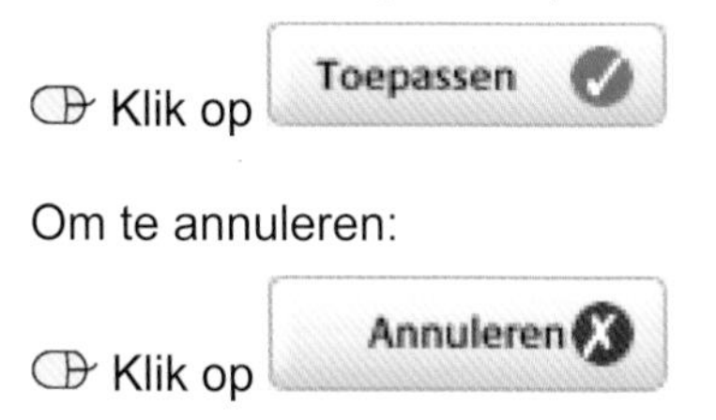

Klik op

Om te annuleren:

Klik op

2.8 Automatische correctie

U kunt *Picasa* automatisch een aantal correcties laten uitvoeren op een foto. Hiermee worden het contrast, de belichting en kleur automatisch aangepast:

Klik op tabblad

Klik op

2.9 Belichting en contrast aanpassen

U kunt de belichting en het contrast als volgt aanpassen zonder daarbij de kleuren te wijzigen:

Klik op tabblad **Basisbew.**

Klik op **Auto-contrast**

Of u past handmatig de belichting aan:

Versleep het schuifje bij **Licht invullen**

Of via het tabblad *Afstellen*:

Klik op tabblad **Afstellen**

Klik bij **Accenten** op

Om de belichting handmatig nog meer te verbeteren, kunt u de volgende schuifjes verslepen:

- **Licht invullen**: een foto met tegenlicht of een donkere foto lichter maken en de details in de lichtere gebieden van de foto behouden.
- **Accenten**: de hele foto lichter te maken, waardoor de lichte gebieden lichter worden. Gebruik **Accenten** samen met **Schaduwen** voor het beste resultaat.
- **Schaduwen**: de hele foto donkerder maken, waardoor de donkere gebieden duidelijker worden. Gebruik deze functie samen met **Accenten** voor het beste resultaat.

2.10 Kleur aanpassen

U verwijdert de kleurtint en herstelt de kleurbalans automatisch, terwijl de waarden voor contrast en helderheid gelijk blijven, als volgt:

Zie ook: 2.18 Tint wijzigen

- Klik op tabblad **Basisbew.**
- Klik op **Auto-kleur**

Of via het tabblad *Afstellen*:

- Klik op tabblad **Afstellen**
- Klik bij **Neutrale kleur uitzoeken** op

Om de kleur handmatig nog meer te verbeteren:

- Versleep het schuifje bij **Kleurtemperatuur**

Om een neutrale witte kleur uit te zoeken en deze als standaard voor de rest van de foto te gebruiken:

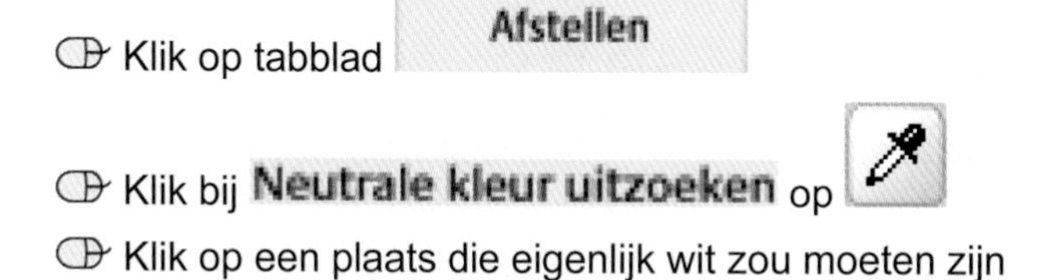

- Klik op tabblad **Afstellen**
- Klik bij **Neutrale kleur uitzoeken** op
- Klik op een plaats die eigenlijk wit zou moeten zijn

2.11 Retoucheren

Een kleine oneffenheid op een foto, veroorzaakt door bijvoorbeeld een stofje op de lens of krasje op een gescande foto, verwijdert u als volgt:

- Klik op tabblad **Basisbew.**

- Klik op **Retoucheren**
- Versleep, indien nodig, het zoomvak
- Plaats de aanwijzer op de oneffenheid

De aanwijzer toont de oneffenheid in een rondje . Is dit rondje te groot of te klein, dan kunt dit aanpassen door de kwastgrootte te wijzigen:

- Versleep het schuifje bij **Kwastgrootte**

Om de oneffenheid te retoucheren, selecteert u het gebied in het selectierondje. Dit kan vervolgens vervangen worden door een ander deel van de foto:

- Klik op de oneffenheid
- Klik naast de oneffenheid

Als u tevreden bent met de bewerking:

- Klik op **Toepassen**

Als u niet tevreden bent met de bewerking:

- Klik op **Patch ongedaan maken**

2.12 Tekst toevoegen

Zie ook: 2.27 Bijschrift toevoegen

U voegt zo tekst toe aan een foto:

- Klik op tabblad **Basisbew.**

- Klik op **Tekst**
- Klik op de gewenste plaats
- Typ de tekst

Heeft u een titel ingevoerd zoals beschreven in *2.27 Bijschrift toevoegen*, dan kunt u deze titel ook op de foto plaatsen:

Klik op Titel kopiëren

U kunt het lettertype wijzigen:

Selecteer bij Lettertype het gewenste lettertype

Om de lettergrootte te wijzigen:

Selecteer bij Formaat: de gewenste lettergrootte

U kunt ook de tekenstijl te wijzigen:

Klik op B (vet), I (cursief) of U (onderstreept)

Om de uitlijning te kiezen:

Klik op (links), (midden) of (rechts)

De kleur van de vulling van de letters te wijzigen:

Klik bij T op

Klik op een kleur

De kleur van de omtrek van de letters te wijzigen:

Klik bij T op

Klik op een kleur

Om de vulling of omtrek te tonen/verbergen:

Versleep het schuifje bij

U kunt de tekst transparanter maken:

Versleep het schuifje bij Transparantie

Om de tekst te verplaatsen op de foto:

Plaats de aanwijzer op de rand van het tekstvak

Versleep het tekstvak

U kunt het tekstvak draaien:

- Plaats de aanwijzer op de tekst
- Plaats de aanwijzer op van de gradenboog
- Versleep over de gradenboog

Via de gradenboog kunt u de tekst ook vergroten of verkleinen:

- Plaats de aanwijzer op de tekst
- Plaats de aanwijzer op van de gradenboog
- Versleep naar buiten of naar binnen

U kunt de tekst tussentijds wissen:

- Klik op **Alles wissen**

Om de bewerkingen toe te passen:

- Klik op **Toepassen**

Om de bewerkingen te annuleren:

- Klik op **Annuleren**

2.13 Scherper maken

Picasa bevat een aantal standaard effecten. Om een foto scherper te maken:

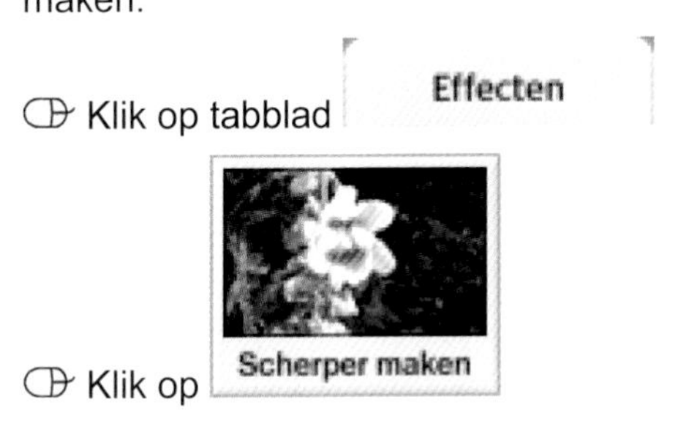
- Klik op tabblad **Effecten**
- Klik op **Scherper maken**

Versleep, indien gewenst, het schuifje bij **Hoeveelheid**

Om de bewerkingen toe te passen:

Klik op **Toepassen**

De bewerkingen annuleren:

Klik op **Annuleren**

2.14 Sepia-effect

Zie ook: 2.22 Gefilterde zwart-witfoto

U kunt de foto een sepia-effect geven:

Klik op tabblad **Effecten**

Klik op

2.15 Zwart-wit effect

Een foto een zwart-wit effect geven:

Klik op tabblad **Effecten**

Klik op

2.16 Warmer maken

Het effect *Warmer maken* toepassen:

Klik op tabblad **Effecten**

Klik op

2.17 Korrelig effect

Een foto een korrelig effect geven:

Klik op tabblad **Effecten**

Klik op

2.18 Tint wijzigen

De foto een bepaalde tint geven:

Klik op tabblad **Effecten**

Klik op

Klik op **Kleuren kiezen**

Klik op de gewenste tint

Om de mate van kleurbehoud aan te passen:

Versleep het schuifje bij **Kleuren behouden**

Om het effect toe te passen:

Klik op 

Het effect annuleren:

Klik op 

2.19 Verzadiging

Om de verzadiging te bepalen:

Klik op tabblad **Effecten**

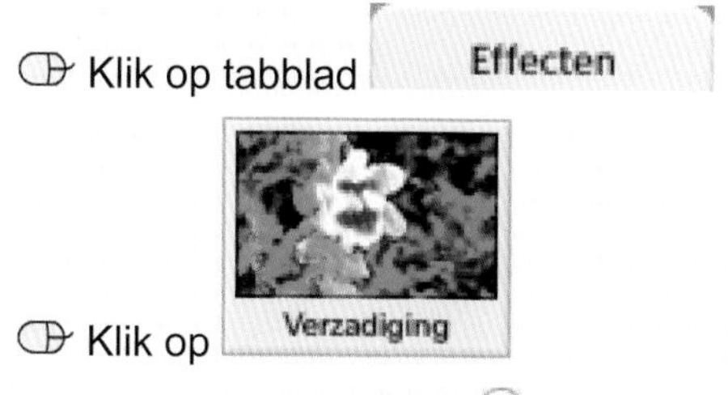

Klik op **Verzadiging**

Versleep het schuifje bij **Hoeveelheid**

Om het effect toe te passen:

Klik op 

Het effect annuleren:

Klik op 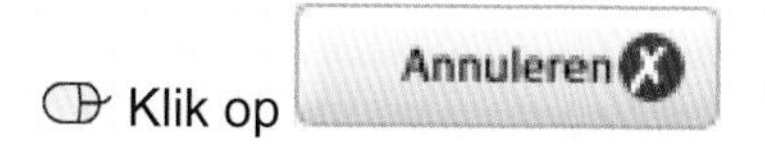

2.20 Zachte focus

Zie ook: 2.23 Zwart-witte focus

U kunt een bepaald deel van een foto als volgt verscherpt weergeven:

Klik op tabblad **Effecten**

Klik op **Zachte focus**

Versleep, indien gewenst, het focuspunt

Om de grootte van het focusgebied te bepalen:

Versleep schuifje bij **Grootte**

Om de mate van zachte focus in te stellen:

Versleep schuifje bij **Hoeveelheid**

Om het effect toe te passen:

Klik op **Toepassen**

Het effect annuleren:

Klik op **Annuleren**

2.21 Glans

Een foto geeft u als volgt een mistige gloed:

Klik op tabblad **Effecten**

Klik op 

De intensiteit bepalen:

Versleep schuifje bij **Intensiteit**

Om de straal van de glans aan te passen:

Versleep schuifje bij **Radius**

Om het effect toe te passen:

Klik op **Toepassen**

Het effect annuleren:

Klik op **Annuleren**

2.22 Gefilterde zwart-witfoto

U laat een foto er als volgt uitzien als een foto genomen met een zwart-wit filmrolletje en een kleurenfilter:

Zie ook: 2.14 Sepia-effect

Klik op tabblad **Effecten**

Klik op 

Klik op **Kleuren kiezen**

Klik op de gewenste tint

Om het effect toe te passen:

Klik op 

Het effect annuleren:

Klik op 

2.23 Zwart-witte focus

U past als volgt het effect *Gefilterd Z/W* toe, waarbij een bepaald punt in kleur wordt weergegeven en de rest in zwart-wit:

Zie ook: 2.20 Zachte focus

Klik op tabblad **Effecten**

Klik op 

Om de grootte van het focusgebied te bepalen:

Versleep schuifje bij **Grootte**

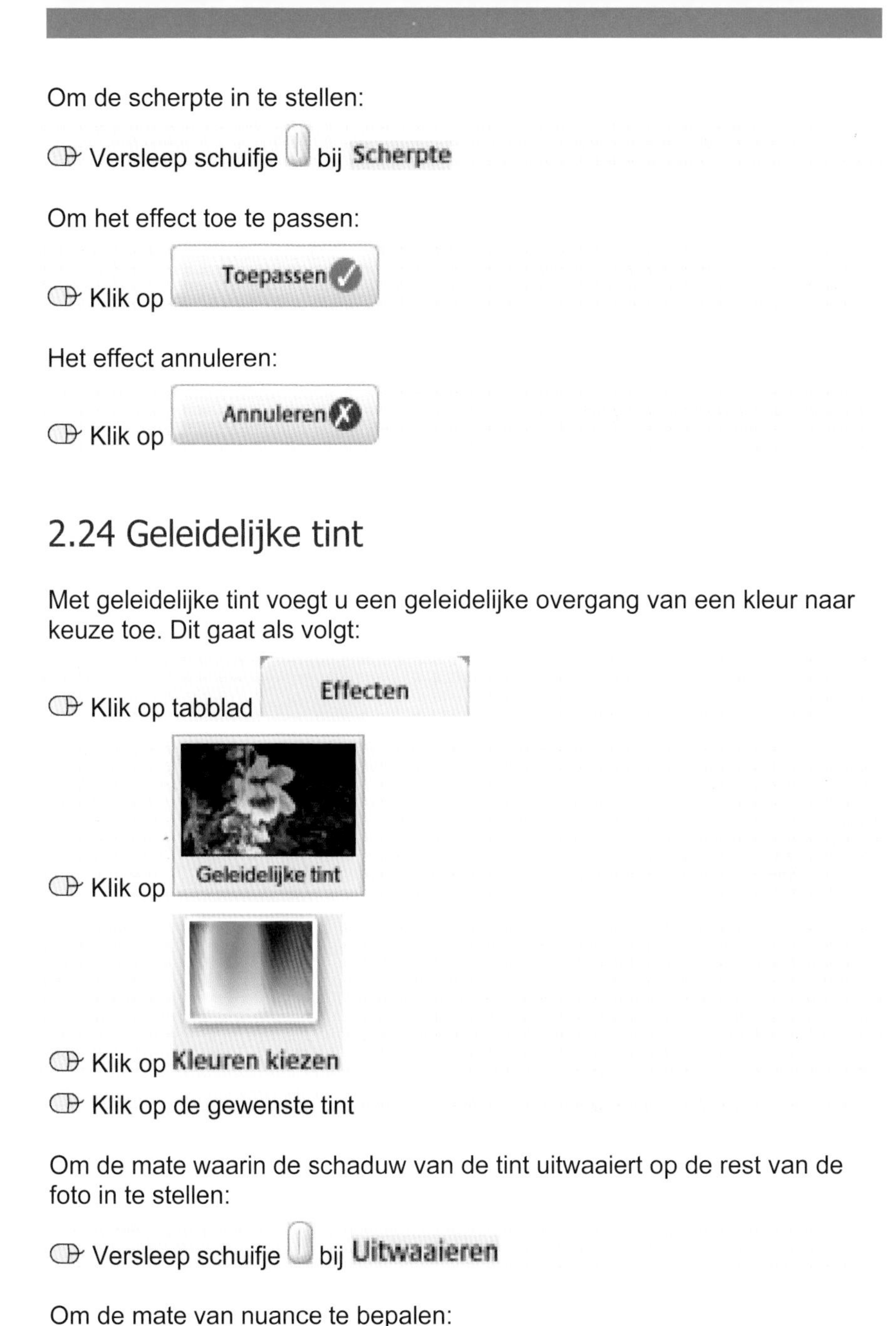

Om de scherpte in te stellen:

- Versleep schuifje bij **Scherpte**

Om het effect toe te passen:

- Klik op **Toepassen**

Het effect annuleren:

- Klik op **Annuleren**

2.24 Geleidelijke tint

Met geleidelijke tint voegt u een geleidelijke overgang van een kleur naar keuze toe. Dit gaat als volgt:

- Klik op tabblad **Effecten**
- Klik op **Geleidelijke tint**
- Klik op **Kleuren kiezen**
- Klik op de gewenste tint

Om de mate waarin de schaduw van de tint uitwaaiert op de rest van de foto in te stellen:

- Versleep schuifje bij **Uitwaaieren**

Om de mate van nuance te bepalen:

- Versleep schuifje bij **Nuance**

Om het effect toe te passen:

Klik op 

Het effect annuleren:

Klik op 

2.25 Groepsbewerking

U kunt een aantal standaard bewerkingen in *Picasa* ook in één keer op een aantal foto's tegelijk, op een map of album uit laten voeren. Dit werkt als volgt:

Selecteer de afbeeldingen in de bibliotheek

En/of:

Klik op de map, het album of de geselecteerde afbeeldingen

Klik op Afbeelding, Meerdere bewerken

Klik op de gewenste bewerking

2.26 Ongedaan maken

Zie ook: 3.4 Alle bewerkingen ongedaan maken bij een niet opgeslagen afbeelding

U kunt handelingen nog ongedaan maken als u een afbeelding nog niet heeft opgeslagen. Als u een bepaalde handeling in het bewerkingsvenster ongedaan wilt maken:

Dubbelklik op de afbeelding

Klik op Ongedaan maken

Om alle handelingen ongedaan te maken:

Rechtsklik op de afbeelding

Klik op Alle bewerkingen ongedaan maken

Of:

Klik op Afbeelding, Alle bewerkingen ongedaan maken

Daarna:

Klik op Bewerkingen verwijderen

Om alle handelingen van meerdere afbeeldingen ongedaan te maken:

Selecteer de afbeeldingen, map of het album

Rechtsklik op de afbeeldingen, map of het album

Klik op Alle bewerkingen ongedaan maken

Of:

Klik op Afbeelding, Alle bewerkingen ongedaan maken

Daarna:

Klik op Bewerkingen verwijderen

2.27 Bijschrift toevoegen

Zie ook: 6.9 Bijschriften weergeven

In het bewerkingsvenster kunt u onder de foto een bijschrift (in *Picasa* titel genoemd) toevoegen. Dit bijschrift kunt u gebruiken bij de zoekfunctie of laten tonen in een diavoorstelling. Om een bijschrift toe te voegen:

Klik onder de foto op Maak een titel.

Typ een bijschrift

Druk op 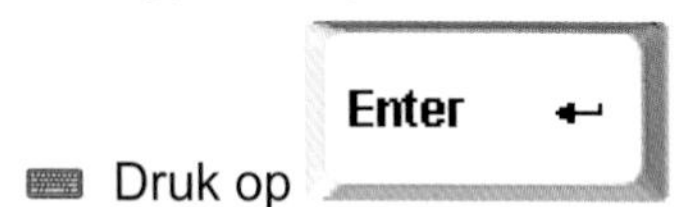

Om de tekst te wijzigen:

Klik in het bijschrift

Druk op 

Verbeter het bijschrift

Druk op Enter

2.28 Zoomen in het bewerkingsvenster

Onder in het bewerkingsvenster vindt u een schuifknop waarmee u kunt in- of uitzoomen op een afbeelding:

Zie ook: 1.25 Zoomen in de bibliotheek van Picasa

Versleep het schuifje bij

3 Opslaan, exporteren en back-ups

Picasa kent verschillende mogelijkheden voor opslaan. U kunt bestanden of gewijzigde bestanden alleen in *Picasa* opslaan, of ook opslaan op de harde schijf van uw pc. Bij deze laatste optie zijn de wijzigingen ook te zien in de mapvensters van *Windows Verkenner*.
Daarnaast zijn er mogelijkheden om uw afbeeldingen en films te exporteren voor gebruik in een ander programma. U kunt hierbij, in tegenstelling tot de andere mogelijkheden voor opslaan, wel het afbeeldingsformaat en de afbeeldingskwaliteit wijzigen.
Verder kunt u van uw afbeeldingen en foto's een back-up maken, zodat u altijd een veiligheidskopie van uw foto's heeft bij bijvoorbeeld een computercrash.

De onderwerpen in dit hoofdstuk:

- Mogelijkheden voor opslaan
- Bewerkte afbeelding(en) opslaan
- Opgeslagen afbeelding terugzetten naar de originele afbeelding
- Alle bewerkingen ongedaan maken bij een niet opgeslagen afbeelding
- Afbeelding opslaan als
- Kopie opslaan in dezelfde map
- Bestand verwijderen
- Exporteren
- Exporteren als HTML-pagina
- Back-up maken
- Back-up terugzetten
- Reservekopieën van oorspronkelijke bestanden

3.1 Mogelijkheden voor opslaan

Picasa bevat tal van mogelijkheden voor opslaan:

Klik op **Bestand**

Afhankelijk van de bewerkingen die u heeft gedaan, ziet u de mogelijkheden:

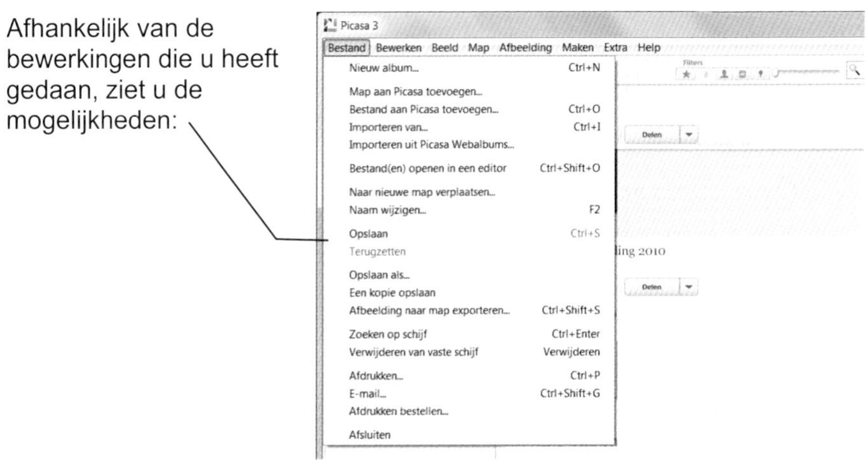

Een afbeelding of film kan zowel vanuit de bibliotheek van *Picasa* worden opgeslagen als vanuit het bewerkingsvenster.

3.2 Bewerkte afbeelding(en) opslaan

Zie ook: 3.5 Afbeelding opslaan als

U slaat als volgt een bewerkte afbeelding op als JPEG-bestand. Hierbij wordt een reservekopie van het bestand gemaakt, zodat het originele bestand behouden blijft. De afbeelding wordt op dezelfde locatie en met dezelfde naam opgeslagen als het originele bestand. Dit gaat als volgt:

Klik op de afbeelding

Klik op **Bestand**, **Opslaan**

Of:

Rechtsklik op de afbeelding

Klik op **Opslaan**

Daarna:

Klik op Opslaan

Of als u in één keer alle bewerkte afbeeldingen in een map of album wilt opslaan:

Klik bij de map of het album op 

3.3 Opgeslagen afbeelding terugzetten naar de originele afbeelding

Een opgeslagen afbeelding zet u als volgt terug naar de originele versie van het bestand:

Klik op de afbeelding

Klik op Bestand, Terugzetten

Of:

Rechtsklik op de afbeelding

Klik op Terugzetten

Om alle gemaakte wijzigingen die voor het opslaan gemaakt zijn verloren te laten gaan:

Klik op Terugzetten

Om alleen het opslaan ongedaan te maken en alle gemaakte wijzigingen voor opslaan te behouden:

Klik op Opslaan ongedaan maken

Anders:

Klik op Annuleren

3.4 Alle bewerkingen ongedaan maken bij een niet opgeslagen afbeelding

Zie ook: 2.26 Ongedaan maken

U maakt alle bewerkingen op een niet opgeslagen afbeelding als volgt ongedaan:

Klik op de afbeelding

Klik op Afbeelding, Alle bewerkingen ongedaan maken

Of:

Rechtsklik op de afbeelding

Klik op Alle bewerkingen ongedaan maken

Vervolgens:

Klik op Bewerkingen verwijderen

3.5 Afbeelding opslaan als

Zie ook: 3.8 Exporteren

Een afbeelding kunt u opslaan onder een andere naam of op een andere locatie op de harde schijf van uw pc. De bestandsindeling kan alleen JPEG worden. Afhankelijk van de opslaglocatie en of deze opslaglocatie wordt gescand door *Picasa*, zal de afbeelding al dan niet getoond worden in het programma:

Klik op de afbeelding

Klik op Bestand, Opslaan als...

Typ, indien gewenst, de nieuwe bestandsnaam bij Bestandsnaam:

Selecteer, indien gewenst, de juiste map

Klik op Opslaan

3.6 Kopie opslaan in dezelfde map

U slaat als volgt een kopie van een afbeelding op in dezelfde map op de harde schijf van uw pc. De gekopieerde afbeelding krijgt hierbij de bestandsindeling JPEG:

Klik op de afbeelding

Klik op Bestand, Een kopie opslaan

3.7 Bestand verwijderen

U verwijdert een afbeelding als volgt via *Picasa* van de harde schijf van uw pc. De afbeelding wordt dan ook verwijdert uit alle *Picasa*-albums waarin het is opgenomen:

Zie ook: 1.4 Mappenbeheer

Klik op de afbeelding

Klik op Bestand, Verwijderen van vaste schijf

Of:

Rechtsklik op de afbeelding

Klik op Verwijderen van vaste schijf

Of:

Druk op

Daarna:

Klik op
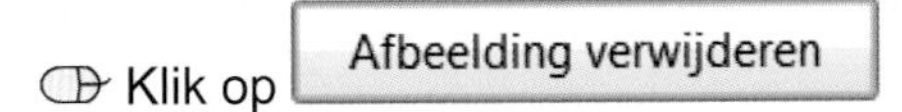

3.8 Exporteren

Via exporteren kunt u kopieën van uw afbeeldingen of films opslaan op een andere locatie en daarbij het gewenste formaat en de beeldkwaliteit selecteren:

Zie ook: 3.2 Bewerkte afbeelding(en) opslaan

Klik op de afbeelding

Klik op Exporteren

Of:

Klik op Bestand, Afbeelding naar map exporteren...

Picasa slaat geëxporteerde afbeeldingen automatisch op in de map (*Mijn*) *Afbeeldingen\Picasa\Exports\Naam van huidige map*. Om een andere exportlocatie te kiezen:

Klik op Bladeren...

Selecteer de gewenste locatie

Om een nieuwe map te maken in de geselecteerde exportlocatie:

Typ bij Naam van geëxporteerde map: de gewenste mapnaam

Om het oorspronkelijke formaat te gebruiken:

Klik een rondje bij Oorspronkelijk formaat gebruiken

Om het formaat te wijzigen:

Klik een rondje bij Formaat aanpassen aan:

Versleep het schuifje bij pixels

U kunt de afbeeldingskwaliteit bepalen:

Klik bij Afbeeldingskwaliteit: op Automatisch

Klik op de gewenste kwaliteit

Als het een film betreft en u alleen het eerste frame (beeld) wilt exporteren als afbeelding (JPEG):

Klik een rondje bij Eerste frame

Als het een film is en u de volledige film wilt exporteren en daarbij het huidige bestandsformaat wilt behouden:

Klik een rondje bij Volledige film (formaat niet wijzigen)

Indien u een watermerk wilt toevoegen:

Klik een vinkje bij Watermerk toevoegen

Typ de gewenste tekst in het vak

Als u klaar bent:

Klik op Exporteren

3.9 Exporteren als HTML-pagina

Zie ook: Hoofdstuk 5 Webalbum en weblog

Om uw afbeeldingen en films met *Internet Explorer* te bekijken of deze te plaatsen op uw eigen website, kunt u ze exporteren in HTML-formaat.
U maakt als volgt zo'n kopie in HTML-formaat:

Klik op de afbeelding(en)

Klik op Map, Exporteren als HTML-pagina...

Selecteer bij Afbeeldingen exporteren naar: het gewenste aantal pixels, ofwel de grootte van de afbeelding

Indien het een film betreft en u alleen het eerste frame (beeld) wilt exporteren:

Selecteer bij Films exporteren: de optie Eerste frame

Als het een film betreft en u de gehele film wilt exporteren:

Selecteer bij Films exporteren: de optie Volledige film

Om de webpagina een bepaalde titel te geven:

Typ bij Titel webpagina: de gewenste titel

U kunt de HTML-pagina opslaan op de gewenste locatie op de harde schijf van uw pc:

Klik bij Map: op Bladeren...

Selecteer de gewenste locatie

U kunt de afbeeldingen of video's opslaan volgens een bepaald sjabloon of als XML-code:

Klik in het vak bij Klik op een sjabloonnaam om een voorbeeld weer te geven. op het gewenste sjabloon of op XML-code

Als alle instellingen zijn gemaakt:

Klik op Exporteren

3.10 Back-up maken

Bij het maken van een back-up in *Picasa* worden zowel de originele afbeelding en films als de bewerkingen en albumordening opgeslagen. Deze veiligheidskopie maakt u als volgt:

Zie ook: 3.8 Exporteren

Klik op Extra, Back-up maken van foto's...

Back-ups worden opgeslagen in *sets*. Om een nieuwe set te maken:

Klik op Nieuwe set

U geeft de nieuwe set een naam:

Typ bij Naam: de gewenste naam

Om een back-up te maken op cd of dvd:

Klik een rondje bij Cd- of dvd-back-up

Een back-up maken op een externe harde schijf of andere locatie:

Klik een rondje bij Back-up van schijf naar schijf (externe en netwerkstations)

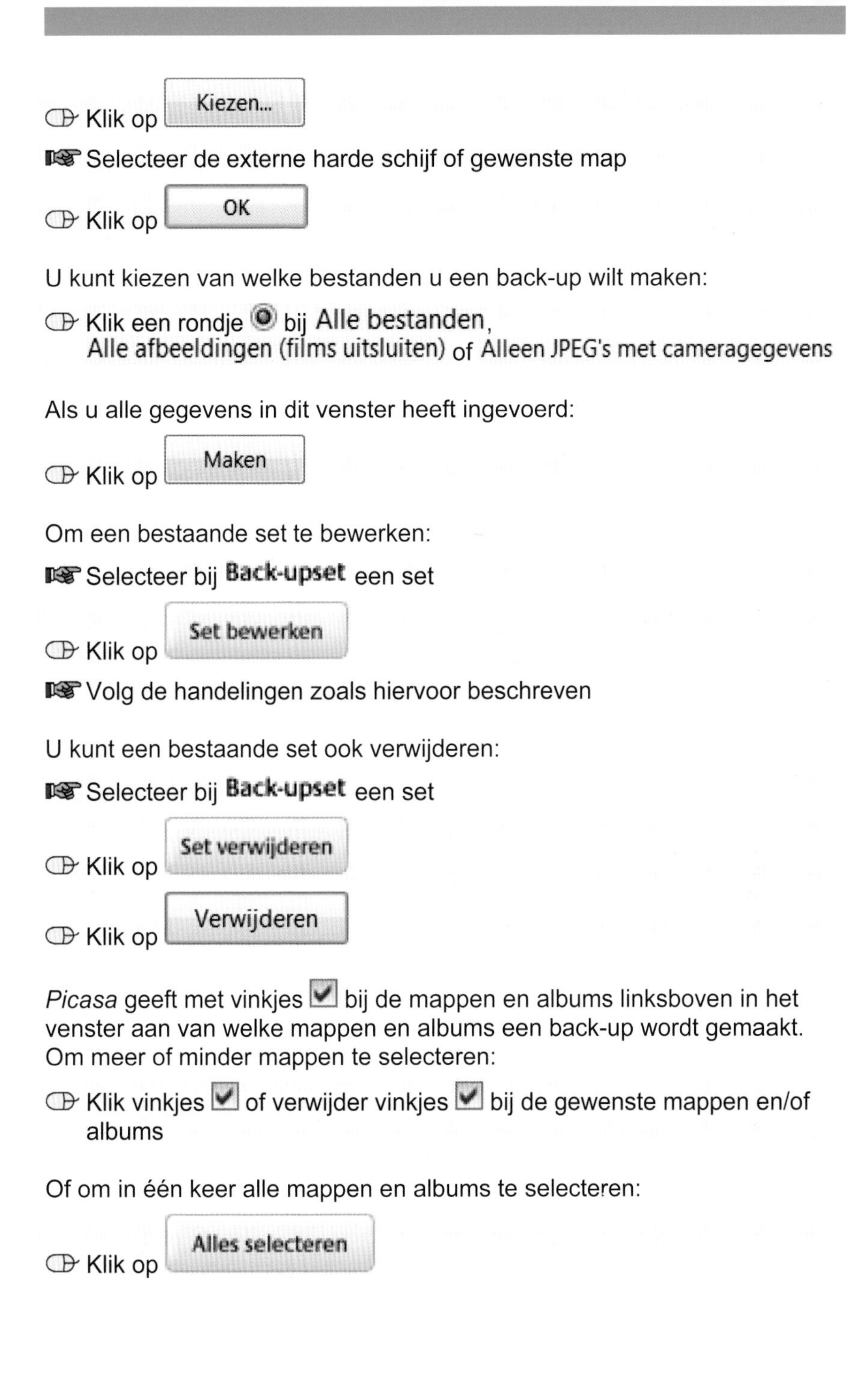

Klik op Kiezen...

Selecteer de externe harde schijf of gewenste map

Klik op OK

U kunt kiezen van welke bestanden u een back-up wilt maken:

Klik een rondje bij Alle bestanden, Alle afbeeldingen (films uitsluiten) of Alleen JPEG's met cameragegevens

Als u alle gegevens in dit venster heeft ingevoerd:

Klik op Maken

Om een bestaande set te bewerken:

Selecteer bij Back-upset een set

Klik op Set bewerken

Volg de handelingen zoals hiervoor beschreven

U kunt een bestaande set ook verwijderen:

Selecteer bij Back-upset een set

Klik op Set verwijderen

Klik op Verwijderen

Picasa geeft met vinkjes bij de mappen en albums linksboven in het venster aan van welke mappen en albums een back-up wordt gemaakt.
Om meer of minder mappen te selecteren:

Klik vinkjes of verwijder vinkjes bij de gewenste mappen en/of albums

Of om in één keer alle mappen en albums te selecteren:

Klik op Alles selecteren

Om de back-up te starten:

Klik op 

Indien u een back-up maakt op een cd of dvd:

Plaats een lege schijf in uw cd/dvd-station

Klik op
Klik op 

Indien u een back-up maakt op een externe harde schijf of andere locatie, start het maken van de back-up direct. Daarna wordt het venster van *Windows Verkenner* geopend:

Sluit het venster van *Windows Verkenner*

3.11 Back-up terugzetten

U zet een back-up als volgt terug:

Plaats de back-upschijf in het cd/dvd-station of sluit de externe harde schijf aan op uw pc

Klik op 

Om de afbeeldingen in de oorspronkelijke map terug te plaatsen:

Klik een rondje bij Oorspronkelijke locaties

Of om een andere locatie te selecteren voor de bestanden:

Klik een rondje bij Deze map

Klik op Wijzigen...

Selecteer de gewenste locatie

Klik op OK

Daarna:

Klik op Volgende

Klik op Herstellen

Klik op Voltooid

Verwijder, indien nodig, de back-upschijf uit het cd/dvd-station

3.12 Reservekopieën van oorspronkelijke bestanden

Zie ook: 3.3 Opgeslagen afbeelding terugzetten naar de originele afbeelding

Bij het opslaan van een bestand in *Picasa* wordt een reservekopie van het bestand gemaakt, zodat het originele bestand behouden blijft. Deze wordt bewaard in de submap *Originals* in de map waarin het bestand staat.
Dit is een map die bij het opslaan wordt aangemaakt en die niet standaard zichtbaar is in *Picasa* of *Windows Verkenner*. Om deze map zichtbaar te maken in *Windows Verkenner* voert u onderstaande uit.

In *Windows 7* en *Vista*:

Open de map met het bestand in *Windows Verkenner*

Klik op Organiseren ▾, Map- en zoekopties

Of in *Windows XP*:

Klik op Extra, Mapopties...

Daarna:

Klik op tabblad Weergave

Klik een rondje bij
Verborgen bestanden, mappen en stations weergeven

Klik op OK

U ziet nu de verborgen mappen en bestanden.

Let op: de map *Orginals* neemt extra ruimte in op de harde schijf. In principe bewaart u de afbeeldingen namelijk twee keer. Gaat u niet meer aan de slag met uw originele afbeeldingen, dan kunt u de verborgen bestanden weer laten verbergen via het venster *Mapopties*.

4 Afdrukken

Uw foto's wilt u soms ook aan anderen laten zien. Met *Picasa* kunt u uw foto's zelf of via een ontwikkelcentrale afdrukken. Op een eenvoudige wijze kiest u het formaat en hoe een foto moet worden afgedrukt.

De onderwerpen in dit hoofdstuk:

- Afdrukken
- Contactvel
- Fotoafdruk online bestellen
- Standaard afdrukformaten instellen

4.1 Afdrukken

Zie ook: 4.4 Standaard afdrukopmaken instellen

U kunt één of meer foto's in verschillende formaten en indelingen laten afdrukken. U doet dit vanuit het venster met afdrukmogelijkheden. Deze opent u als volgt:

☞Plaats de foto('s) in het fotovak (zie *1.17 Fotovak*)

Of:

☞Selecteer de afbeeldingen

Klik op 

Of:

Klik op Bestand, Afdrukken...

U ziet het venster met afdrukmogelijkheden:

In dit voorbeeld ziet u de afdrukopmaak van twee afbeeldingen per pagina. Op uw pc kan deze weergave anders zijn.

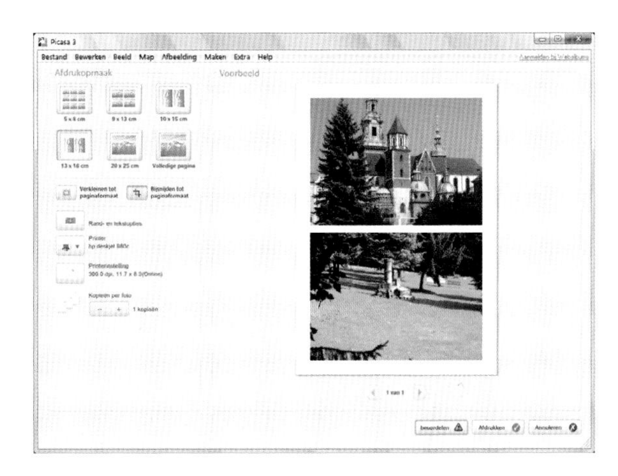

U stelt als volgt uw eigen printer in:

Klik op 

Klik op de gewenste printer

Om de gewenste afmetingen te selecteren:

Klik op één van de afdrukopmaken

Om de kwaliteit van de afbeeldingen te beoordelen:

Klik op 

In het venster dat verschijnt kunt u bekijken wat voor kwaliteit de betreffende afbeeldingen hebben. Om afbeeldingen van lage kwaliteit te verwijderen:

Klik op 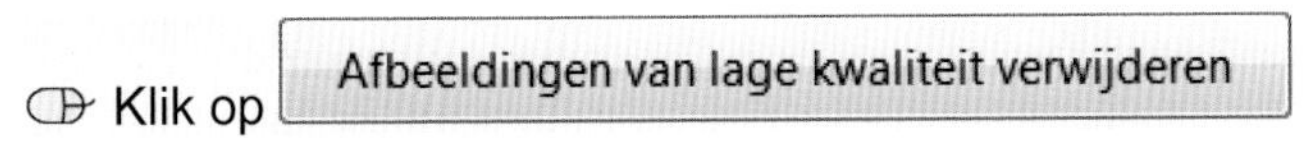

Om het venster te sluiten:

Klik op 

Als een deel van de afbeelding niet op het afdrukvoorbeeld staat, kunt u de foto verkleinen tot paginaformaat:

Klik op 

Om de afbeeldingen bij te snijden naar het geselecteerde afdrukformaat:

Klik op 

Op of onder de afbeeldingen kunt u de titel of andere gegevens afdrukken:

Klik op 

Om bepaalde gegevens af te drukken:

- Klik een rondje bij Bestandsnaam, Titel of Exif-gegevens

U kunt zelf de plaats bepalen:

- Klik een rondje bij Op afbeelding of Onder afbeelding

Om de tekstkleur te kiezen:

- Klik bij Tekstkleur op
- Klik op een kleur

Om het lettertype te wijzigen:

- Klik bij Lettertype op
- Klik op het gewenste lettertype

Om de lettergrootte aan te passen:

- Klik bij Grootte op
- Klik op de gewenste lettergrootte

Als u de rand wilt aanpassen:

- Versleep het schuifje bij Randbreedte
- Klik bij Randkleur op
- Klik op een kleur

Als u alleen aan de onderkant een rand wilt afdrukken:

- Klik een vinkje bij Alleen onderkant

Wanneer u een rand van gelijke breedte wilt afdrukken:

- Klik een vinkje bij Rand van gelijke breedte

Als alle instellingen zijn gemaakt en u wilt zien hoe de tekst bij de foto's verschijnt:

Klik op Toepassen

Om de instellingen te accepteren:

Klik op 

Wanneer u afbeeldingen op liggend papier (horizontaal) wilt afdrukken, verandert u de instellingen als volgt:

Klik bij Printerinstelling op 

U ziet het instellingenvenster van uw printer, waarin u de afdrukstand en -kwaliteit kunt kiezen. Als u meerdere afdrukken van een foto wilt:

Klik bij Kopieën per foto op +

Om de foto('s) af te drukken:

Klik op 

4.2 Contactvel

Met *Picasa* kunt u ook een contactvel met miniatuurweergaven van uw afbeeldingen afdrukken:

Klik op Extra, Opties...

Klik op tabblad 

Selecteer bij één van de Beschikbare afdrukformaten: het formaat Contactvel

Klik op 

In het afdrukvenster is het formaat **Contactvel** toegevoegd.

4.3 Fotoafdruk online bestellen

U kunt ervoor kiezen uw foto's te laten afdrukken bij een online fotocentrale in plaats van ze zelf af te drukken.

Zie ook: 4.1 Afdrukken

☞Plaats de foto('s) in het fotovak (zie *1.17 Fotovak*)

Of:

☞Selecteer de afbeeldingen

Klik op Winkel

Klik op **Bestand**, **Afdrukken bestellen...**

Er wordt een venster geopend. U ziet de online fotocentrales waar u uw foto's kunt laten afdrukken via *Picasa*. Vergelijk de voorwaarden en klik eventueel op Meer informatie... . Om uw foto's naar een bepaalde centrale te sturen:

Klik bij de gewenste afdrukcentrale op **Kiezen**

Daarna volgt u de aanwijzingen in de daaropvolgende vensters. Deze verschillen per centrale.

4.4 Standaard afdrukopmaken instellen

Zie ook: 4.1 Afdrukken

In *Picasa* zijn standaard een aantal afdrukopmaken ingesteld. Om een andere afdrukopmaak in te stellen:

- Klik op Extra, Opties...
- Klik op tabblad Afdrukken
- Klik bij Beschikbare afdrukformaten: op een formaat dat u niet wilt gebruiken
- Klik op het gewenste formaat
- Klik op OK

5 Webalbum en weblog

Een webalbum is een locatie op internet waar u uw foto's kunt plaatsen om aan anderen te laten zien. Daarvoor moet u zich eerst aanmelden. U kunt de met *Picasa* bewerkte foto's in een webalbum op internet plaatsen. Voor een webalbum van *Picasa* heeft u een *Google*-account nodig. In *Bijlage C Een Google-account maken* leest u hoe u een eigen account maakt.
Een weblog is een website die zich het beste laat omschrijven als een dagboek op internet. Op een weblog kunt u foto's en filmpjes vanuit *Picasa* plaatsen.

De onderwerpen in dit hoofdstuk:

- Aanmelden bij webalbum
- Foto's uploaden
- Webalbum synchroniseren
- Webalbum bekijken en delen
- Foto's uploaden met de Drop Box
- Diavoorstelling afspelen met de Drop Box
- Foto's toevoegen met de Drop Box
- Downloaden met de Drop Box
- Afdrukken met de Drop Box
- Collage maken met de Drop Box
- Film maken met de Drop Box
- Albumeigenschappen aanpassen met de Drop Box
- Omslagfoto
- Foto's op de kaart plaatsen
- Titels aanpassen in de Drop Box
- Album verwijderen
- Foto's sorteren
- Naamlabels in een webalbum
- Een weblog maken
- Foto's publiceren op een weblog
- Weblog bekijken

5.1 Aanmelden bij webalbums

U maakt als volgt een webalbum:

Klik linksboven in het venster op Aanmelden bij Webalbums

Klik op Aanmelden voor Webalbums

Typ uw e-mailadres

Typ het wachtwoord van uw *Google*-account

Klik op Aanmelden

Typ de gebruikersnaam

Om te controleren of deze nog beschikbaar is:

Klik op beschikbaarheid controleren

Typ uw voornaam

Druk op Tab

Typ uw achternaam

Klik op Doorgaan

U bent geregistreerd en u kunt de vensters sluiten:

Sluit de vensters

Als u al een webalbum heeft, kunt u als volgt inloggen:

Typ bij **Gebr. naam:** uw gebruikersnaam

Typ bij **Wachtwoord:** uw wachtwoord

Klik op **Aanmelden**

5.2 Foto's uploaden

Zie ook: 5.5 Foto('s) uploaden met de Drop Box

Als u een webalbum heeft, kunt u foto's en video's uploaden naar een webalbum:

Klik in de *bibliotheek* op de gewenste album(s), video('s) of foto('s)

Klik op 

U ziet het aantal bestanden dat u gaat uploaden. Als u van deze bestanden een nieuw album van wilt maken:

Klik op **Nieuw**

Typ een titel

Typ een beschrijving

Om het formaat aan te passen:

Klik bij **Grootte om te uploaden** op

Klik op het gewenste formaat

Om de zichtbaarheidsopties voor het album in te stellen:

Klik bij **Zichtbaarheid voor dit album** op 

Klik op de gewenste optie

Als u meer informatie wilt over de zichtbaarheidsopties:

Klik op **Meer informatie...**

Zie ook: 5.4 Webalbum bekijken en delen

U kunt in dit venster direct aangeven met wie u het album wilt delen:

Klik op **+**

Klik op de gewenste groep

Via uw *Google*-account kunt u contactpersonen toevoegen, bijvoorbeeld via *Google Mail*. Als u bestanden toe wilt voegen aan een album van een vriend en daarvoor bevoegd bent:

Klik bij Dit album uploaden: op

Klik op Bijdragen aan het album van een vriend...

Selecteer bij Kies een contactpersoon: een contactpersoon

Selecteer bij Albums van de contactpersoon waaraan u kunt bijdragen: een album

Als u alles heeft ingesteld, kunt u de foto's en video's gaan uploaden:

Klik op Uploaden

De bestanden worden geüpload. Dit kan enige tijd in beslag nemen. Om na het uploaden de bestanden te bekijken:

Klik op Online bekijken

5.3 Webalbum synchroniseren

Zie ook: 1.3 Gezichtsherkenning

Wanneer u nieuwe foto's of films aan uw webalbum wilt toevoegen of gewijzigde foto's wilt vervangen, moet u die opnieuw uploaden. Door uw *Picasa*-album te synchroniseren met het webalbum worden wijzigingen in dat album automatisch overgebracht. U zet als volgt websynchronisatie aan:

Klik bij Websynchronisatie op

Klik op Synchroniseren

Om instellingen te wijzigen:

Klik op Instellingen wijzigen...

Om het formaat aan te passen:

Selecteer bij Standaardformaat upload: het gewenste formaat

Om de originele beeldkwaliteit te behouden:

Klik een vinkje ☑ bij
Originele beeldkwaliteit handhaven (gebruikt meer opslagruimte)

Om de zichtbaarheidsopties voor het album in te stellen:

Selecteer bij Zichtbaarheid nieuwe album: de gewenste optie

Als u alleen foto's met een ster wilt laten synchroniseren:

Klik een vinkje ☑ bij Alleen foto's met ster synchroniseren

Als u niet elke synchronisatie wilt bevestigen:

Klik een vinkje ☑ bij
Mij niet vragen elke synchronisatie te bevestigen

Wanneer u de naamlabels wilt laten invoegen:

Klik een vinkje ☑ bij Invoegen bij foto-uploads

Als u een watermerk toe wilt voegen:

Klik een vinkje ☑ bij Een watermerk toevoegen aan alle foto-uploads:

Typ een tekst voor het watermerk

Als u alles heeft ingesteld:

Klik op OK

5.4 Webalbum bekijken en delen

Met Online bekijken: kunt u uw album zelf zien. Om ook anderen uw webalbum te laten zien, deelt u het album met hen:

Om een uitnodiging te sturen naar alle personen die uw webalbum mogen bekijken:

Typ de e-mailadressen

Typ, indien gewenst, een onderwerp en een bericht

Klik op Verzenden

Na het uploaden kunt u de voltooide items uit de lijst laten verwijderen:

Klik op Voltooide wissen

Personen die u heeft uitgenodigd, ontvangen een bericht. Door te klikken op **Album weergeven** kan het webalbum worden bekeken. Met Diavoorstelling afspelen wordt het album als diavoorstelling afgespeeld.

5.5 Foto('s) uploaden met de Drop Box

Een snelle manier om een foto te uploaden is met de Drop Box. Dit is een tijdelijk webalbum waarnaar u foto's uit verschillende mappen uploadt en die u daarna in het juiste webalbum plaatst.

Zie ook: 5.2 Foto's uploaden

Klik in de bewerkingsweergave op 

Internet Explorer opent en u ziet de foto in de Drop Box. U kunt verschillende handelingen uitvoeren met deze bestanden. Zie daarvoor de volgende paragrafen.

5.6 Diavoorstelling afspelen met de Drop Box

Om de geüploade foto's te bekijken in een diavoorstelling:

Zie ook: Hoofdstuk 6 Diavoorstelling

Klik op Diavoorstelling

Om de diavoorstelling te pauzeren:

Klik op

Om naar de volgende en vorige afbeelding te gaan:

Klik op ➡ of ⬅

Om het aantal seconden dat een afbeelding in beeld is te wijzigen:

Klik op − of +

Om de bijschriften te verbergen:

Klik op **bijschriften verbergen**

Om de diavoorstelling te beeindigen:

Klik op **X**

5.7 Delen met de Drop Box

Zie ook: 5.4 Webalbum bekijken en delen

Als u de foto's wilt delen met anderen, kunt u het volgende doen:

Klik op ✉ Delen

Typ bij **E-mailadressen opgeven** de e-mailadressen

Als u wilt dat de opgegeven personen ook foto's kunnen toevoegen:

Klik een vinkje ☑ bij **De mensen waarmee ik deel foto's laten toevoegen**

Typ, indien gewenst, bij **Bericht:** een bericht

Als u een kopie van het bericht wilt ontvangen:

Klik een vinkje ☑ bij **Stuur me een kopie van dit e-mailbericht**

Om het bericht te versturen:

Klik op **E-mail verzenden**

5.8 Foto's toevoegen met de Drop Box

Als u de foto's toe wilt voegen, doet u dat als volgt:

Klik op ⬆, Foto's toevoegen

Klik op Foto's toevoegen...

Selecteer de gewenste foto('s)

Klik op Uploaden

5.9 Downloaden met de Drop Box

Als u de foto's naar de harde schijf van uw pc wilt downloaden:

Klik op Downloaden ▾, Downloaden naar Picasa

U moet toestemming geven om *Picasa* te openen:

Klik op Toestaan

Klik op Toestaan

Er verschijnt een nieuw venster:

Klik op Downloaden

Mogelijk werkt deze functie niet optimaal.

5.10 Afdrukken met de Drop Box

Zie ook: Hoofdstuk 4 Afdrukken

Als u de foto's wilt afdrukken, doet u het volgende:

Klik op Downloaden ▾, Afdrukken met Picasa

U moet toestemming geven om *Picasa* te openen:

Klik op Toestaan

Klik op Toestaan

Er verschijnt een nieuw venster:

Klik op **Album afdrukken**

Mogelijk werkt deze functie niet optimaal.

5.11 Collage maken met de Drop Box

Vanuit de Drop Box kunt u een collage maken van uw foto's:

Zie ook: 10.4 Collage maken

Klik op Downloaden ▾, **Collage maken**

U moet toestemming geven om *Picasa* te openen:

Klik op **Toestaan**

Klik op **Toestaan**

Er verschijnt een nieuw venster:

Klik op **Collage maken**

Mogelijk werkt deze functie niet optimaal.

5.12 Film maken met de Drop Box

Zie ook: Hoofdstuk 7 Films

Vanuit de Drop Box kunt u een film maken van uw foto's:

Klik op Downloaden ▾, **Film maken**

U moet toestemming geven om *Picasa* te openen:

Klik op **Toestaan**

Klik op **Toestaan**

Er verschijnt een nieuw venster:

Klik op **Film maken**

Mogelijk werkt deze functie niet optimaal.

5.13 Albumeigenschappen aanpassen met de Drop Box

Met de Drop Box kunt u een album bewerken. Om de albumeigenschappen aan te passen:

Klik op Bewerken, **Albumeigenschappen**

Als u de datum wilt wijzigen:

Typ bij Datum een andere datum

Of:

Klik op de datum

Selecteer een datum

Om een beschrijving toe te voegen:

Typ bij Beschrijving een beschrijving

Als u een opnameloctie wilt toevoegen: (zie ook *1.22 Locatie toevoegen*)

Typ bij Opnamelocatie een opnamelocatie

Als u deze opnameloctie op de kaart wilt weergeven:

Klik een vinkje ☑ bij Locatie op kaart weergeven

Om de zichtbaarheid te bepalen:

Selecteer de gewenste optie bij **Zichtbaarheid:**

Als u het album wilt delen:

Klik een vinkje ☑ bij de gewenste groep

Wanneer u klaar bent:

Klik op **Wijzigingen opslaan**

5.14 Omslagfoto

Met de Drop Box kunt u een foto voor het omslag, ofwel de hoofdfoto van een map, selecteren. Dat gaat als volgt:

Klik op Bewerken ▼, **Albumomslag**

Klik op de foto

5.15 Foto's op de kaart plaatsen

Met de Drop Box kunt u foto's op de wereldkaart plaatsen:

Zie ook: 1.22 Locatie toevoegen

Klik op Bewerken ▼, **Albumoverzicht**

Klik op de foto die u op de kaart wilt plaatsen

Sleep de miniatuur naar de gewenste plaats op de kaart

Of:

Typ een locatie bij **Locatie zoeken**

Klik op **Start**

Sleep de miniatuur naar de gewenste plaats op de kaart

5.16 Titel aanpassen in de Drop Box

In de Drop Box kunt u gemakkelijk een titel toevoegen of wijzigen:

Zie ook: 2.27 Bijschrift toevoegen

Klik op Bewerken ▼, **Titels**

Typ een titel bij de foto('s)

Klik op **Voltooid**

5.17 Album verwijderen

Wanneer u een album wilt verwijderen in de Drop Box, doet u het volgende:

Klik op Bewerken ▼, Album verwijderen

Klik op 

5.18 Foto's sorteren

Met de Drop Box kunt u uw foto's ook organiseren en de volgorde van de foto's wijzigen:

Zie ook: 1.5 Sorteren

Klik op Bewerken ▼, Indelen en opnieuw sorteren

Klik bij Foto's sorteren op... op ▼

Klik op de gewenste optie

Om een foto te verwijderen:

Klik op de foto

Klik op 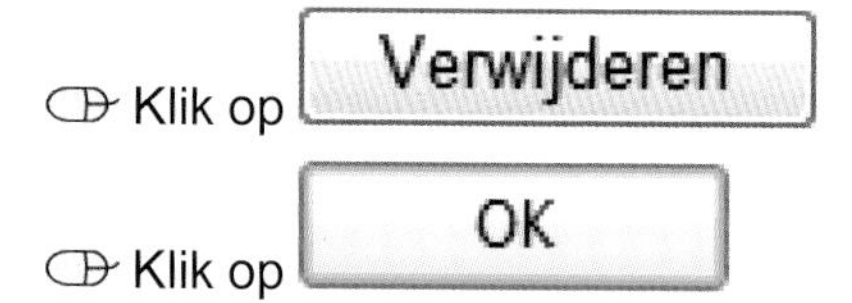

Klik op

Wanneer u een foto wilt kopiëren:

Klik op de foto

Klik op 

Typ een titel voor het album

Selecteer de gewenste opties (zie *5.13 Albumeigenschappen aanpassen met de Drop Box*)

Klik op 

Als u een foto wilt verplaatsen:

Klik op de foto

Klik op 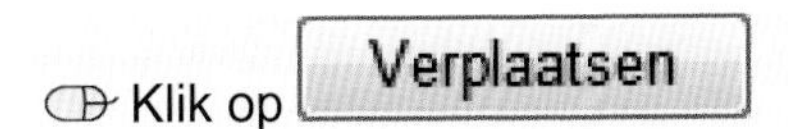

Als u de foto in een bestaand album wilt plaatsen:

Klik op kies een bestaand album.

Klik op het album

Klik op Album selecteren

Om een nieuw album te maken:

Typ een titel voor het album

Selecteer de gewenste opties (zie *5.13 Albumeigenschappen aanpassen met de Drop Box*)

Klik op 

5.19 Naamlabels in een webalbum

In een webalbum is het mogelijk om een naamlabel aan een persoon op een foto toe te voegen:

Klik in het webalbum op de foto

Klik bij **Personen** op +

Sleep het vierkant naar het gezicht van de persoon

Typ een naam

Klik op Toepassen

U ziet het venster *Bewerk de contactgegevens* waarin de naam is verwerkt:

Typ, indien gewenst, een e-mailadres

Klik op Opslaan

Om de foto op te zoeken waar de betreffende persoon op staat:

Klik op tabblad Personen

Typ de naam in het zoekvak Een persoon zoeken

De foto('s) waar u het naamlabel aan de betreffende persoon heeft toegevoegd, verschijnen in het venster.

Wanneer u de naamlabels uit het webalbum wilt downloaden naar *Picasa*, doet u het volgende:

Klik op **Extra**, **Naamlabels downloaden van Picasa Webalbums**

5.20 Een weblog maken

> *Zie ook: 5.1 Aanmelden bij webalbums*

Een weblog is een digitaal dagboek dat u op internet bijhoudt. U kunt daar ook foto's en films van *Picasa* op plaatsen waar anderen op kunnen reageren. Een weblog moet u aanmaken, bijvoorbeeld in *Google*. Het programma daarvoor wordt *Blogger* genoemd. Voor zo'n weblog heeft u een *Google*-account nodig. In *Bijlage C Een Google-account maken* leest u hoe u een eigen account maakt. U maakt als volgt zo'n weblog:

Klik op 

Klik op **EEN BLOG MAKEN**, **meld u zich dan direct aan**

Typ uw *Google*-gebruikersnaam en wachtwoord

Klik op **Aanmelden**

Typ een naam voor uw weblog

Typ het webadres waaronder men uw weblog kan vinden

Klik op **Beschikbaarheid controleren**

Typ de letters van de afbeelding

Klik op 

Schrijf het webadres van het weblog op

U ziet verschillende indelingen voor een weblog. Om een indeling te bekijken:

Klik bij een indeling op voorbeeldsjabloon

Sluit het venster

Klik een rondje bij een sjabloon

Klik op 

Om een bericht te plaatsen:

Klik op 

Typ, indien gewenst, een bericht

Klik op BERICHT PUBLICEREN

Om u af te melden:

Klik op Afmelden

Sluit het venster

Klik op Ja

5.21 Foto's publiceren op een weblog

Op een weblog kunt u foto's publiceren (geen video's):

Plaats de gewenste foto('s) in het fotovak (zie *1.17 Fotovak*)

Klik op 

Typ uw *Google*-gebruikersnaam en wachtwoord

Klik op AANMELDEN

Om een indeling te kiezen:

Klik een rondje bij een indeling

Klik op DOORGAAN

Na enige tijd ziet u uw foto('s):

Klik op BERICHT PUBLICEREN

Na het publiceren:

Typ het e-mailadres voor uw *Google*-account en wachtwoord

Klik op Aanmelden

Na korte tijd ziet u een overzicht van de geplaatste berichten:

Klik op Blog weergeven

U ziet de foto's in uw weblog in de gekozen indeling:

Klik op Afmelden, X

5.22 Weblog bekijken

Via *Internet Explorer* kunt u uw weblog bekijken:

Open *Internet Explorer*

Typ het adres van uw weblog

6 Diavoorstelling

Met *Picasa* kunt u uw foto's en video's afzonderlijk of als een diavoorstelling bekijken. Een diavoorstelling is vooral geschikt om snel en gemakkelijk alle foto's en videoclips in een album of map te bekijken.

De onderwerpen in dit hoofdstuk:

- Diavoorstelling afspelen
- Handmatig naar volgende of vorige dia
- Zoomen in een diavoorstelling
- Foto roteren
- Beoordelen met ster
- Overgang instellen
- Weergavetijd aanpassen
- Muziek laten afspelen
- Bijschriften weergeven
- Diavoorstelling herhalen

6.1 Diavoorstelling afspelen

Zie ook: Hoofdstuk 7 Films

Alle foto's en video's die in een album staan, kunt u direct als diavoorstelling laten afspelen. De automatische diavoorstelling is vooral geschikt om de foto's in een map of album even snel te bekijken. Dat doet u als volgt vanuit de *bibliotheek*:

Klik bij de map/het album op ▶

Of:

Klik in het bewerkingsvenster op 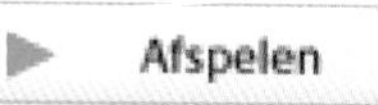

U ziet de dia's schermvullend. Als u de diavoorstelling tijdelijk wilt pauzeren:

Druk op de spatiebalk

Om de diavoorstelling te hervatten:

Druk op de spatiebalk

Om de diavoorstelling te sluiten:

Druk op Esc

6.2 Handmatig naar volgende of vorige dia

Om naar de volgende of vorige afbeelding te gaan:

Klik op ▶ of ◀

6.3 Zoomen in een diavoorstelling

Tijdens de diavoorstelling kunt u in- en uitzoomen:

Plaats de aanwijzer onder in het venster

Klik op 🔍 en houd de muisknop ingedrukt

Of:

Versleep het schuifje

Rechtsonder verschijnt het venster *Ingezoomd tot 100%*. Het witte kader laat de schermvullende uitsnede zien. Om andere delen van de foto schermvullend weer te geven:

Versleep de uitsnede of het kader

Om de diavoorstelling te vervolgen:

Druk op de spatiebalk

6.4 Foto roteren

Om een foto te draaien tijdens de diavoorstelling:

Klik op  of

6.5 Beoordelen met ster

Zie ook: 1.24 Beoordelen met ster

Tijdens de diavoorstelling kunt u foto's beoordelen met een ster.

Klik bij de gewenste foto op

Foto's die gemarkeerd zijn met een ster verschijnen automatisch in de bibliotheek in het album Foto's met ster.

6.6 Overgang instellen

Standaard wordt bij een diavoorstelling de overgang *Overvloeien* gebruikt. U kunt de overgang als volgt aanpassen:

Plaats de aanwijzer onder in het venster

Klik bij bijvoorbeeld Overvloeien op

Klik op de gewenste overgang

6.7 Weergavetijd aanpassen

Standaard is de weergavetijd drie seconden. Om deze tijd korter of langer te maken:

Klik bij Weergavetijd op [-] of [+]

6.8 Muziek laten afspelen

Bij een diavoorstelling kunt u muziek laten afspelen. Deze muziek moet in een aparte map staan en van het bestandstype MP3 of WMA zijn.

Klik op Extra, Opties...

Klik op tabblad Diavoorstelling

Klik, indien nodig, een vinkje bij Muziek afspelen tijdens diavoorstelling

Klik op Bladeren...

Selecteer de map met muziek

Klik op OK

6.9 Bijschriften weergeven

Zie ook: 2.27 Bijschrift toevoegen

Standaard laat *Picasa* eventuele bijschriften zien. Als u dat niet wilt:

Klik het vinkje weg

6.10 Diavoorstelling herhalen

U kunt instellen dat een diavoorstelling doorlopend wordt getoond:

Klik op Extra, Opties...

Klik op tabblad Diavoorstelling

Klik een vinkje bij Diavoorstelling herhalen

7 Films

U kunt van uw foto's en video's een film maken. Hierin kunt u instellen hoe lang de dia's worden getoond en welke overgang er tussen moet komen. Ook kunt u muziek toevoegen. De film kunt u exporteren om deze te bekijken in bijvoorbeeld *Windows Media Player*. Ook kunt u uw gemaakte film uploaden naar *YouTube*.

De onderwerpen in dit hoofdstuk:

- Film maken en afspelen
- Foto's en video's verwijderen en toevoegen
- Foto's en video's tussentijds bewerken
- Bijsnijden naar volledig frame
- Titels weergeven
- Titeldia bewerken
- Tekstdia toevoegen
- Overgangen instellen
- Afmeting film instellen
- Muziek toevoegen
- Film opslaan
- Videoclips inkorten
- Ingekorte videoclip opslaan
- Momentopname vastleggen
- Film bewerken na voltooiing
- Film exporteren voor andere programma's
- Uploaden naar *YouTube*

7.1 Film maken en afspelen

Zie ook: Hoofdstuk 6 Diavoorstelling

In een film kunt u foto's, video's en muziekbestanden combineren:

☞ Plaats de foto's en video's in het fotovak (zie *1.17 Fotovak*)

Klik op  Film

Of als u alleen bestanden uit één map of album wilt gebruiken:

Klik bij de map/het album met foto's op 

Picasa maakt automatisch een film van de foto's en plaatst daar een titeldia voor. Om de film af te spelen:

Klik op 

Om het afspelen te stoppen:

Klik op 

U kunt de film schermvullend weergeven:

Klik op 

Om de film op ware grootte te tonen::

Klik op 1:1

U kunt het volume regelen:

Versleep het schuifje bij

7.2 Foto's en video's verwijderen en toevoegen

Zo kunt u foto's uit de film verwijderen zonder dat u deze ook uit het album verwijdert:

Klik onder in het venster op de foto of video

Klik op X

Of:

Rechtsklik onder in het venster op de foto of video

Klik op Verwijderen

Om foto's of video toe te voegen:

Klik op tabblad Clips (0)

Klik op 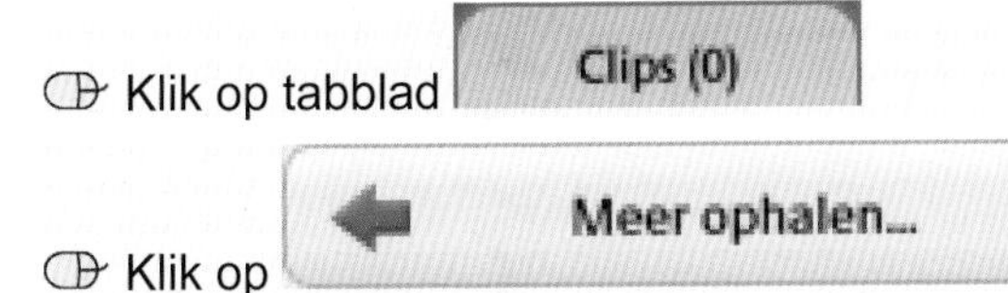

Klik op de map

Plaats de foto('s) of video('s) in het fotovak (zie *1.17 Fotovak*)

Klik op 

Sleep de foto naar de gewenste plaats

7.3 Foto's en video's tussentijds bewerken

U kunt een foto of video tijdens het maken van uw film bewerken:

Zie ook: Hoofdstuk 2 Bewerken

Rechtsklik onder in het venster op de foto of video

Klik op Weergeven en bewerken

Om terug te gaan naar de Filmmaker:

Klik op 

7.4 Bijsnijden naar volledig frame

Om te voorkomen dat u zwarte balken om de film ziet, kunt u de afbeelding bijsnijden naar volledig frame:

Zie ook: 2.5 Bijsnijden

Klik op tabblad Film

Klik een vinkje bij **Foto bijsnijden naar volledig frame**

7.5 Titels weergeven

U kunt de titel van een bestand als volgt weergeven:

Klik op tabblad Film

Klik een vinkje bij **Titels weergeven**

U kunt deze titels op dezelfde manier bewerken als de titeldia (zie *7.6 Titeldia bewerken*).

7.6 Titeldia bewerken

Zie ook: 7.7 Tekstdia toevoegen

Bij het maken van een film begint *Picasa* automatisch met een titeldia. U kunt deze aanpassen:

Klik op tabblad Dia

Klik op de titeldia

Selecteer de tekst

Typ een titel

Druk op Enter

Om de achtergrondkleur te wijzigen:

Klik bij **Achtergrondkleur** op

Klik op de gewenste kleur

Om de tekstkleur aan te passen:

Klik bij **Tekstkleur** op

Klik op de gewenste kleur

In plaats van een aparte titeldia kunt u ook tekst aan een bestaande foto toevoegen en deze als titeldia gebruiken:

Verwijder de titeldia (zie *7.2 Foto's en video's verwijderen en toevoegen*)

Klik op de foto

Typ de tekst links in het venster in het witte vak

U kunt de titel ook in een sjabloon plaatsen:

Klik bij **Sjabloon:** op

Klik op een sjabloon

U kunt de stijl van de tekst aanpassen zoals u dat in de meeste andere programma's gewend bent:

- Bij **Lettertype** kiest u met een ander lettertype.
- Bij **Grootte:** kiest u met een andere lettergrootte.
- Met **B** maakt u de titel vet of zet u het vet maken uit.
- Met *I* maakt u de titel cursief of zet u het cursief maken uit.
- Met toont u alleen de randen van de letters (*outline*) of toont u de gevulde letters.

7.7 Tekstdia toevoegen

Zie ook: 7.6 Titeldia bewerken

U voegt als volgt een tekstdia toe aan de film:

- Klik op de dia waarna u een tekstdia wilt toevoegen
- Klik op

Of:

- Rechtsklik op de dia waarna u een tekstdia wilt toevoegen
- Klik op **Een tekstdia invoegen**

U kunt de tekstdia op dezelfde wijze bewerken als een titeldia (zie *7.6 Titeldia bewerken*)

7.8 Overgangen instellen

Zie ook: 6.6 Overgang instellen

U kunt een overgang instellen voor de film. Deze geldt dan voor alle dia's:

- Klik op tabblad **Film**
- Klik bij **Overgangsstijl** op
- Klik op een overgangsstijl

Om de weergavetijd per dia in te stellen:

- Versleep het schuifje bij **Weergavetijd dia:** naar het gewenste aantal seconden

Om in te stellen hoe lang de overgang duurt:

- Versleep het schuifje bij **Overlappen:** naar het gewenste aantal procenten

7.9 Afmeting film instellen

U kiest de gewenste afmetingen voor vertonen op een beeldscherm als volgt:

Klik bij **Afmetingen** op ▾

Klik op de gewenste resolutie

7.10 Muziek toevoegen

U kunt zowel MP3- als WMA-muziekbestanden toevoegen aan een film:

Klik op **Bezig met laden...**

Selecteer het muziekbestand

Klik op **Openen**

Om de foto's te laten herhalen tot de muziek is afgelopen:

Klik bij **Opties** op ▾

Klik op **foto's herhalen om met geluid te synchroniseren**

U kunt de muziek ook laten afkappen wanneer de film afgelopen is. Dit is vooral geschikt bij neutrale achtergrondmuziek. Dat gaat zo:

Klik bij **Opties** op ▾

Klik op **Audio afkappen**

7.11 Film opslaan

U slaat een film als volgt op:

Tijdens het samenstellen van de film ziet u in het venster de voortgang. Wanneer u een lange film heeft gemaakt, kan dit enige tijd duren. De film staat in de *bibliotheek* in het project Films en heeft het bestandstype WMV.

7.12 Videoclips inkorten

U videoclips inkorten. Om een beginpunt in te stellen vanuit het bewerkingsvenster:

Klik tijdens het afspelen op

Om een eindpunt in te stellen:

Klik tijdens het afspelen op

7.13 Ingekorte videoclip opslaan

U kunt dit fragment als aparte videoclip opslaan.

Dubbelklik op de videoclip

Om in de originele video de begin- en eindpunten te verwijderen:

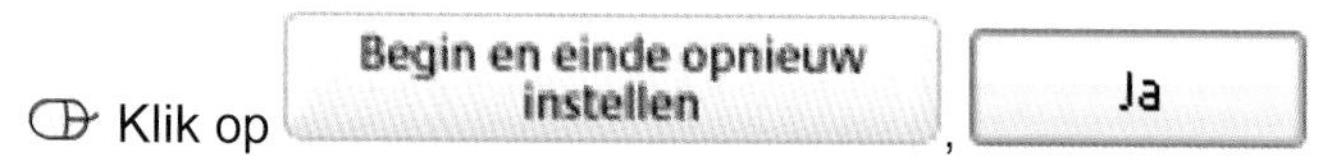

De uitgeknipte videoclip staat in het project Geëxporteerde video's in de bibliotheek.

7.14 Momentopname vastleggen

Tijdens het afspelen van een videoclip kunt u een foto maken van een enkel beeld:

Klik op 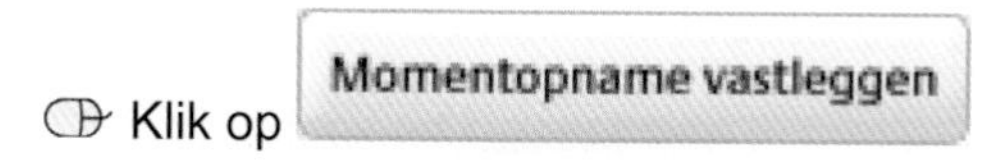

Het beeld wordt gekopieerd en is opgeslagen in de bibliotheek in het project Vastgelegde video's.

7.15 Film bewerken na voltooiing

Ook als u een film heeft voltooid, kunt u deze nog aanpassen. U kunt foto's toevoegen of verwijderen, maar ook videoclips.

Open het project Films

Dubbelklik op de film

De film wordt afgespeeld. U kunt op [II] klikken om de film te pauzeren. Na het afspelen:

Klik op Film bewerken

Klik op tabblad Clips (0)

Klik op Meer ophalen...

Klik op de foto/video

Klik op Terug naar Movie Maker

Sleep de foto/video naar de gewenste plaats

U ziet een tijdelijk beeld:

Klik op de eerste foto

Klik op [▶]

De film wordt afgespeeld. Om er een nieuwe film van te maken:

Klik op Film maken, Bestaande vervangen

Als u de voorgaande versie ook wilt bewaren:

Klik op Nieuwe maken

7.16 Film exporteren voor andere programma's

Om een gemaakte film ook met andere programma's, zoals *Windows Media Player* te kunnen bekijken, moet u de film exporteren:

Zie ook: Hoofdstuk 3 Opslaan, exporteren en back-ups

Klik, indien nodig, op Terug naar bibliotheek

Klik op de film

Klik op Bestand, Afbeelding naar map exporteren...

Typ eventueel een naam voor de map

Klik een rondje bij Volledige film (formaat niet wijzigen)

Klik op Exporteren

De film is geëxporteerd en heeft het bestandsformaat WMV behouden.

7.17 Uploaden naar YouTube

YouTube is een populaire website waar een zeer groot aantal filmps op staat die u gratis kunt bekijken. Als u een account bij *YouTube* heeft, kunt u ook uw eigen filmps uploaden.

Zie ook: Hoofdstuk 5 Weblog en webalbum

Klik op Uploaden naar YouTube

Typ een titel en beschrijving

Selecteer een categorie

Typ een zoekwoord bij Labels:*

Klik op Gebruiker wijzigen

Typ uw gebruikersnaam en wachtwoord

Klik op Aanmelden, Video uploaden

Als u de film na het uploaden wilt bekijken:

Klik op Voorstelling.wmv

Als u verder wilt werken in *Picasa*:

Klik op

8 Importeren

In *Picasa* kunt u afbeeldingen en video's rechtstreeks importeren vanuit uw fotocamera, videocamera, webcam of scanner.
Ook bestanden op een USB-stick of externe harde schijf moet u importeren in *Picasa* om deze te kunnen beheren en bewerken in *Picasa*.
Daarnaast is het mogelijk om een schermopname te maken en deze direct in *Picasa* te importeren.

De onderwerpen in dit hoofdstuk:

- Importeren
- Foto's importeren
- Video importeren
- Importeren vanaf USB-stick of externe harde schijf
- Importeren via een scanner
- Importeren vanaf een webcam
- Schermopname importeren
- Bestanden bekijken voor het importeren
- Een foto draaien
- Bestanden selecteren voor importeren
- Ster toewijzen aan te importeren bestanden
- Map voor importeren wijzigen
- Direct uploaden naar webalbum tijdens importeren
- Dubbele bestanden detecteren

8.1 Importeren

Importeren doet u in *Picasa* via het venster *Importeren*:

Klik op 

Als het apparaat is aangesloten, kunt u importeren vanuit dit venster:

8.2 Foto's importeren

U kunt eenvoudig foto's vanaf een digitale foto- of videocamera importeren in *Picasa* en tegelijkertijd ook opslaan op de harde schijf van uw pc. U sluit eerst de camera aan op de pc:

Steek het stekkertje in de aansluiting van de camera

Sluit uw camera aan op de USB-poort van uw computer

Zet de camera aan

Is de werkwijze van uw camera anders?

Bekijk de handleiding van uw camera

Als u het venster *Automatisch afspelen* ziet:

Sluit het venster

Om de foto's te importeren, selecteert u uw camera. U ziet dan de naam van uw camera of de naam van de geheugenkaart in uw camera, vaak weergegeven met een letter (E:\).

Klik op **Importeren**

Selecteer bij **Importeren van:** uw camera

Om de bestanden te bekijken op de camera:

Zie *8.8 Bestanden bekijken voor het importeren*

Een foto draaien:

Zie *8.9 Een foto draaien*

Om bestanden te selecteren die niet geïmporteerd mogen worden:

Zie *8.10 Bestanden selecteren voor importeren*

Om een ster toe te wijzen aan een te importeren bestand:

Zie *8.11 Ster toewijzen aan te importeren bestanden*

Om de map waarnaar de foto's worden geïmporteerd en de mapnaam te wijzigen:

Zie *8.12 Map voor importeren wijzigen*

Om bestanden direct te uploaden naar uw webalbum:

Zie *8.13 Direct uploaden naar webalbum tijdens importeren*

U kunt aangeven wat er na het kopiëren moet worden gedaan met de foto's op de camera. U kunt de geïmporteerde foto's verwijderen, alle foto's op de camara verwijderen of alle foto's op de camera laten staan:

Selecteer bij **Na kopiëren:** de gewenste optie

Als alle instellingen zijn gemaakt:

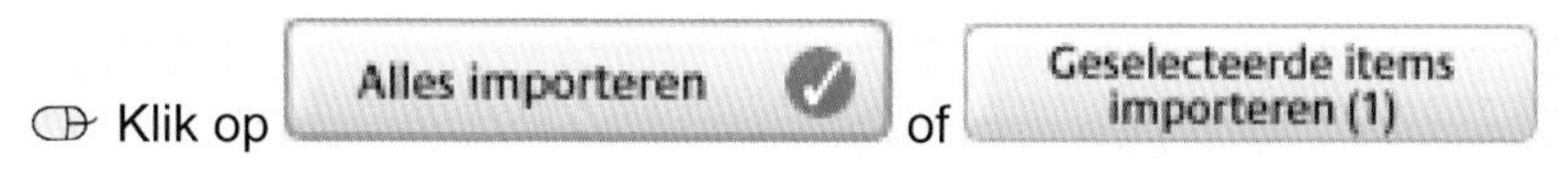

8.3 Video importeren

U kunt eenvoudig video vanaf een digitale video- of fotocamera importeren in *Picasa* en tegelijkertijd ook opslaan op de harde schijf van uw pc. U sluit eerst de camera aan op de pc:

☞Steek het stekkertje in de aansluiting van de camera

☞Sluit uw camera aan op de USB-poort van uw computer

☞Zet de camera aan

Is de werkwijze van uw camera anders?

☞Bekijk de handleiding van uw camera

Let op: u kunt in *Picasa* niet importeren via een HDMI-aansluiting. Importeer de video dan via een ander programma en sla het op de harde schijf van uw pc op. Vervolgens kunt u via mappenbeheer de video laten tonen in *Picasa*.

Zie ook: 1.4 Mappenbeheer

Als u het venster *Automatisch afspelen* ziet:

☞Sluit het venster

Om de video te importeren, selecteert u uw camera. U ziet dan de naam van uw camera en of de naam van de geheugenkaart in uw camera, vaak weergegeven met een letter (E:\).

Klik op 

☞Selecteer bij **Importeren van:** uw camera

Om de bestanden te bekijken op de camera:

☞Zie *8.8 Bestanden bekijken voor het importeren*

Om bestanden te selecteren die niet geïmporteerd mogen worden:

☞Zie *8.10 Bestanden selecteren voor importeren*

Om een ster toe te wijzen aan een te importeren bestand:

☞Zie *8.11 Ster toewijzen aan te importeren bestanden*

Om de map waarnaar de video's worden geïmporteerd en de mapnaam te wijzigen:

☞Zie *8.12 Map voor importeren wijzigen*

Om bestanden direct te uploaden naar uw webalbum:

☞Zie *8.13 Direct uploaden naar webalbum tijdens importeren*

U kunt aangeven wat er na het kopiëren moet worden gedaan met de foto's op de camera. U kunt de geïmporteerde foto's verwijderen, alle foto's op de camera verwijderen of alle foto's op de camera laten staan:

☞Selecteer bij **Na kopiëren:** de gewenste optie

Als alle instellingen zijn gemaakt:

Klik op Alles importeren of Geselecteerde items importeren (1)

8.4 Importeren vanaf USB-stick of externe harde schijf

Bestanden op een USB-stick of externe harde schijf moet u eerst in *Picasa* importeren om deze te kunnen bewerken of beheren. Dit gaat als volgt:

☞Sluit de USB-stick of externe harde schijf aan op de USB-poort van uw computer

Als u het venster *Automatisch afspelen* ziet:

☞Sluit het venster

Om de bestanden te importeren:

Klik op Importeren

☞Selecteer bij **Importeren van:** de USB-stick of externe harde schijf

Om de bestanden te bekijken:

☞Zie *8.8 Bestanden bekijken voor het importeren*

Een foto draaien:

☞Zie *8.9 Een foto draaien*

Om bestanden te selecteren die niet geïmporteerd mogen worden:

☞Zie *8.10 Bestanden selecteren voor importeren*

Om een ster toe te wijzen aan een te importeren bestand:

☞Zie *8.11 Ster toewijzen aan te importeren bestanden*

Om de map waarnaar de foto's worden geïmporteerd en de mapnaam te wijzigen:

☞Zie *8.12 Map voor importeren wijzigen*

Om bestanden direct te uploaden naar uw webalbum:

☞Zie *8.13 Direct uploaden naar webalbum tijdens importeren*

Als alle instellingen zijn gemaakt:

8.5 Importeren via een scanner

U importeert als volgt afbeeldingen via een scanner:

☞Sluit de scanner aan op uw computer

Om de bestanden te importeren:

Klik op **Importeren**

☞Selecteer bij **Importeren van:** uw scanner

U ziet het venster *Scannen met*. Om een type foto te selecteren:

Klik een rondje bij het type foto

U kunt vooraf een aantal instellingen voor scannen maken:

Klik op De kwaliteit van de gescande foto aanpassen

Om de helderheid aan te passen:

Versleep het schuifje bij Helderheid:

Of:

Typ de gewenste waarde in het vak bij Helderheid:

Om het contrast te wijzigen:

Versleep het schuifje bij Contrast

Of:

Typ de gewenste waarde in het vak bij Contrast

De resolutie bepalen:

Selecteer bij Resolutie (dpi): de gewenste resolutie

Indien u het type afbeelding nog niet geselecteerd heeft:

Klik bij Type afbeelding: op

Selecteer het gewenste type afbeelding

Om de instellingen terug te zetten naar de beginwaarden:

Klik op Beginwaarden

Als alle instellingen in het venster *Geavanceerde eigenschappen* zijn gemaakt:

Klik op OK

Om een voorbeeld van de scan te maken:

Klik op Voorbeeld

Om de afbeelding te scannen:

Klik op Scannen

Om de gescande bestanden te bekijken:

Zie *8.10 Bestanden bekijken voor het importeren*

Een gescande afbeelding draaien:

Zie *8.9 Een foto draaien*

Om bestanden te selecteren die niet geïmporteerd mogen worden:

Zie *8.10 Bestanden selecteren voor importeren*

Om een ster toe te wijzen aan een te importeren bestand:

☞ Zie *8.11 Ster toewijzen aan te importeren bestanden*

Om de map waarnaar de foto's worden geïmporteerd en de mapnaam te wijzigen:

☞ Zie *8.12 Map voor importeren wijzigen*

Om bestanden direct te uploaden naar uw webalbum:

☞ Zie *8.13 Direct uploaden naar webalbum tijdens importeren*

Als de afbeelding of afbeeldingen zijn gescand en u de scan(s) wilt importeren:

Klik op

8.6 Importeren vanaf een webcam

Zie ook: Hoofdstuk 7 Films

Afhankelijk van uw type webcam kunt u direct foto's en/of video maken en importeren in *Picasa*:

☞ Sluit de webcam aan op uw computer

Om de bestanden te importeren:

Klik op

☞ Selecteer bij **Importeren van:** uw webcam

Het venster van uw webcam verschijnt. Het maken van een foto of video is op iedere webcam verschillend:

☞ Maak de foto of video

Om de gescande bestanden te bekijken:

☞ Zie *8.8 Bestanden bekijken voor het importeren*

Een gescande afbeelding draaien:

☞ Zie *8.9 Een foto draaien*

Om bestanden te selecteren die niet geïmporteerd mogen worden:

☞ Zie *8.10 Bestanden selecteren voor importeren*

Om een ster toe te wijzen aan een te importeren bestand:

☞Zie *8.11 Ster toewijzen aan te importeren bestanden*

Om de map waarnaar de foto's worden geïmporteerd en de mapnaam te wijzigen:

☞Zie *8.12 Map voor importeren wijzigen*

Om bestanden direct te uploaden naar uw webalbum:

☞Zie *8.13 Direct uploaden naar webalbum tijdens importeren*

Als de afbeelding(en) of video('s) zijn gemaakt en u deze wilt importeren:

8.7 Schermopname importeren

U maakt als volgt een schermafbeelding van het hele beeldscherm en importeert deze in *Picasa*:

Om een schermafbeelding te maken van alleen het actieve venster:

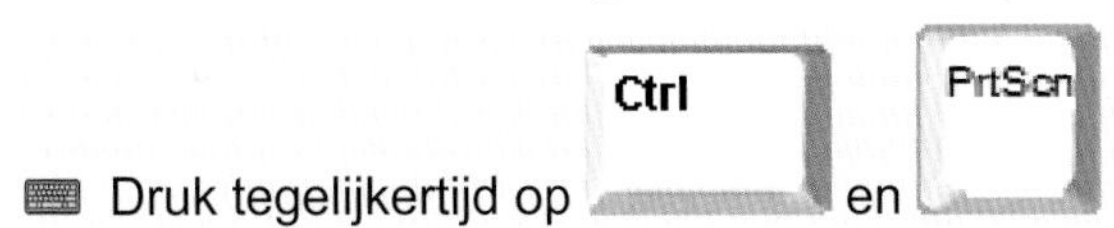

De schermafbeelding staat nu in de map *Schermafbeeldingen* in *Picasa*. De schermafbeelding wordt niet automatisch opgeslagen op uw harde schijf. U kunt de afbeelding dan opslaan zoals beschreven in *Hoofdstuk 3 Opslaan, exporteren en back-ups*.

8.8 Bestanden bekijken voor het importeren

U kunt de bestanden rechts in het venster bekijken voordat u deze importeert. Om door de bestanden te bladeren:

8.9 Een foto draaien

U draait een foto als volgt:

☞ Klik op [↶] of [↷]

8.10 Bestanden selecteren voor importeren

Om bestanden te selecteren die niet geïmporteerd mogen worden:

☞ Klik op het bestand

☞ Klik op [⊗]

8.11 Ster toewijzen aan te importeren bestanden

Zie ook: 1.24 Beoordelen met ster

U kunt direct een ster toewijzen aan een bestand:

☞ Klik op het bestand

☞ Klik op [☆]

8.12 Map voor importeren wijzigen

Standaard worden de foto's geïmporteerd naar de map (*Mijn*) *Afbeeldingen* op de harde schijf van uw pc. Om dit te wijzigen voor deze importeersessie:

☞ Klik bij **Importeren naar:** op ▼

☞ Klik op **Kiezen...**

☞ Selecteer de gewenste map

☞ Klik op [OK]

Bij het importeren maakt *Picasa* een nieuwe map. Om als mapnaam de datum van vandaag of de datum van de genomen foto's te kiezen:

☞ Klik bij **Titel van map:** op ▼

☞ Klik op **Datum foto (dd-mm-jjjj)** of **2010-09-23 (Vandaag)**

Om zelf een mapnaam in te voeren:

Klik in het vak bij **Titel van map:**

Typ de gewenste mapnaam

U kunt ook de standaardlocatie voor importeren wijzigen. Dit doet u in het venster *Opties*:

Klik op Extra, Opties...

Klik op tabblad Algemeen

Klik bij Geïmporteerde afbeeldingen opslaan in: op Bladeren...

Selecteer de gewenste map

Of maak een nieuwe map:

Selecteer de map waarin u een nieuwe map wilt maken

Klik op Nieuwe map maken

Typ de gewenste mapnaam

Als u klaar bent:

Klik op OK

Klik op OK

8.13 Direct uploaden naar webalbum tijdens importeren

Zie ook: Hoofdstuk 5 Webalbum en weblog

Om bestanden direct te uploaden naar uw webalbum:

Klik een vinkje ☑ bij **Uploaden**

Klik op

De bestanden openbaar beschikbaar te stellen, alleen voor mensen die het exacte webadres kennen of alleen voor bepaalde personen:

Klik op 

Klik op Openbaar, Niet vermeld of Aanmelding vereist voor weergave

U kunt voor het uploaden de grootte van de bestanden bepalen:

Klik op 

Klik op Max. breedte 640, Max. breedte 1024, Max. breedte 1600 of Afbeeldingen in oorspronkelijk formaat

Indien u alleen afbeeldingen met een ster wilt uploaden:

Klik op 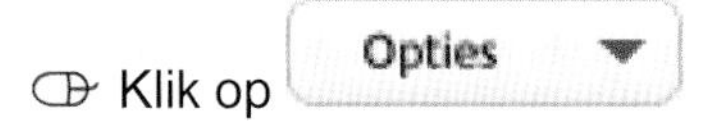

Klik op Alleen afbeeldingen met ster

Indien u werkt met contactgroepen van *Google* kunt u leden van deze groepen ook foto's laten toevoegen aan uw webalbum. Indien u dit niet wilt:

Klik het vinkje ✓ weg bij Geselecteerde groepen foto's laten bijdragen

Standaard worden bestanden in uw webalbum met niemand gedeeld. Om dit te wijzigen:

Klik op +

Klik op Collega's, Familie, Vrienden of Groepen maken en bewerken...

Tijdens het importeren van de bestanden start ook het uploaden. Om het uploaden te annuleren:

Klik op 

U kunt het uploaden pauzeren:

Klik op 

Tijdens het uploaden kan de bandbreedte van uw internetverbinding trager worden. Om de bandbreedte te behouden:

Klik een vinkje ✓ bij **Bandbreedte behouden**

Om het venster *Uploadbeheer* te verbergen tijdens het uploaden:

Klik op **Verbergen**

Tijdens het uploaden kunt u de bestanden die u heeft geupload wissen. Indien u dat wilt:

Klik op **Voltooide wissen**

Na het uploaden kunt u de bestanden die u heeft geupload ook nog wissen. Indien u dat wilt:

Klik op **Wissen**

U kunt de bestanden ook direct online bekijken:

Klik op **Online bekijken**

8.14 Dubbele bestanden detecteren

Picasa kan tijdens het importeren van bestanden dubbele bestanden herkennen. Om geen gebruik te maken van deze optie:

Klik op Extra, Opties...

Klik op tabblad Algemeen

Klik het vinkje ✓ weg bij
Dubbele bestanden detecteren tijdens het importeren

9 Delen

U kunt uw foto's en afbeeldingen aan anderen laten zien door ze af te drukken (zie *Hoofdstuk 4 Afdrukken*), in een webalbum of op een weblog te plaatsen (zie *Hoofdstuk 5 Webalbum en weblog*), deze te versturen per e-mail of te branden op een cadeau-cd/dvd. Dit kan heel gemakkelijk direct vanuit *Picasa*.

De onderwerpen in dit hoofdstuk:

- Afbeeldingen verzenden per e-mail
- Formaat afbeeldingen bepalen
- Standaard e-mailprogramma in *Picasa* instellen
- Cadeau-cd/dvd maken

9.1 Afbeeldingen verzenden per e-mail

U kunt uw foto's en afbeeldingen rechtstreeks vanuit *Picasa* verzenden:

☞ Plaats de foto('s) in het fotovak (zie *1.17 Fotovak*)

Klik op E-mail

Klik op uw e-mailprogramma

Het e-mailprogramma wordt geopend en de afbeeldingen worden als bijlage meegestuurd. U verzendt het bericht op de gebruikelijke manier. Afbeeldingen die u heeft verzonden, staan nu in het album

.

9.2 Formaat afbeeldingen bepalen

Om te voorkomen dat u geen grote bestanden verstuurt in e-mailberichten, kunt u het formaat van de afbeelding(en) verkleinen:

Klik op Extra, Opties...

Klik op tabblad E-mail

Voor het verkleinen/vergroten van meerdere afbeeldingen:

Versleep het schuifje bij Grootte voor meerdere afbeeldingen: naar het gewenste aantal pixels

Voor het verkleinen/vergroten van één afbeelding:

Klik een rondje bij Grootte voor enkele afbeeldingen:, Zelfde als meerdere of Oorspronkelijk formaat

Klik op OK

9.3 Standaard e-mailprogramma in Picasa instellen

Standaard staat ingesteld dat u bij het versturen van afbeeldingen via *Picasa* op het moment van versturen zelf kunt kiezen welk e-mailprogramma gebruikt wordt. Om standaard gebruik te maken van het standaardprogramma voor e-mail dat is ingesteld in *Windows* of uw *Google*-account:

- Klik op Extra, Opties...
- Klik op tabblad E-mail
- Klik een rondje bij Gebruik (uw standaardprogramma in *Windows*) of Mijn Google-account gebruiken

9.4 Cadeau-cd/dvd maken

Zie ook: 3.10 Back-up maken

Op een cadeau-cd/dvd kunt u een groot aantal afbeeldingen en video's plaatsen die als diavoorstelling op de pc kunnen worden afgespeeld. Een cadeau-cd is niet geschikt om de bestanden als diavoorstelling via de dvd-speler bij de televisie af te spelen. U maakt als volgt een cadeau-cd op cd of dvd van bestanden die u in een map of album heeft geplaatst:

- Klik op de map/het album
- Klik op Maken, Cadeau-cd maken...

Onder in het venster ziet u de bestanden die op de schijf worden geplaatst. Om nog een map of album toe te voegen:

- Klik op Meer toevoegen...
- Klik een vinkje bij het album/de map

Als u een diavoorstelling wilt toevoegen die automatisch wordt uitgevoerd zodra de cd wordt geopend:

- Klik een vinkje bij Diavoorstelling opnemen

Als u geen automatische diavoorstelling toe wilt voegen:

- Klik het vinkje weg bij Diavoorstelling opnemen

In de blauwe balk ziet u de informatie over het aantal bestanden en cd's staan. Als u het formaat wilt aanpassen, bijvoorbeeld omdat u voor het oorspronkelijke formaat twee cd's nodig heeft:

Klik bij Fotoformaat op

Klik op het gewenste formaat

Als u het programma *Picasa* ook op de cd wilt opnemen:

Klik een vinkje bij Picasa opnemen

Als u *Picasa* niet op de cd wilt plaatsen:

Klik het vinkje weg bij Picasa opnemen

Om de cadeau-cd een naam te geven:

Typ bij Cd-naam een naam voor de schijf

Als alle instellingen zijn gemaakt:

Klik op Schijf branden

Plaats een schijf in uw schijfstation

Klik op Doorgaan

Als het branden voltooid is:

Klik op Cd uitwerpen

U kunt de diavoorstelling direct afspelen:

Plaats de schijf in het schijfstation

Klik op PicasaCD.exe uitvoeren

Om de bestanden in een bepaalde map te bekijken:

Klik op een map

Om de bestanden in alle mappen te bekijken:

Klik op

U kunt de cd als volgt uit uw schijfstation verwijderen:

Klik op Cd uitwerpen

10 Meer opties

Picasa kent een aantal handige en leuke opties. Zo kunt u bijvoorbeeld een collage maken van uw foto's, afbeeldingen als schermbeveiliger (screensaver) gebruiken of uw foto's op *Google Earth* plaatsen.

De onderwerpen in dit hoofdstuk:

- *Picasa Fotoviewer*
- Timeline
- Screensaver
- Collage maken
- Afbeelding als bureaubladachtergrond
- Poster maken
- Geocoderen
- Opties van *Picasa*
- Opties voor weergave van bestandstypen
- De helpfunctie van *Picasa*

10.1 Picasa Fotoviewer

Bij het installeren van *Picasa* wordt ook *Picasa Fotoviewer* geinstalleerd. Als u *Picasa Fotoviewer* aan heeft staan, worden afbeeldingen die u opent via *Windows Verkenner*, het bureaublad of andere programma's automatisch in *Picasa Fotoviewer* geopend:

Zie ook: Hoofdstuk 6 Diavoorstelling

☞Open een mapvenster in *Windows Verkenner*

Dubbelklik op een afbeelding

De afbeelding is geopend in *Picasa Fotoviewer*. Onder in het venster ziet u de *Fotoviewer*-actiebalk. Om naar de volgende/vorige afbeelding te gaan:

Klik op of

Of om direct naar een bepaalde afbeelding te gaan:

Klik op de miniatuurweergave van de afbeelding

Om een afbeelding te draaien:

Klik op of

U kunt in- en uitzoomen op een afbeelding:

Klik op (inzoomen) of (uitzoomen)

Of:

☞Draai het scrollwiel van uw muis

Om de afbeelding op ware grootte bekijken:

Klik op 1:1

U kunt een afbeelding ook via *Picasa Fotoviewer* een ster geven of de ster verwijderen:

Zie ook: 1.24 Beoordelen met ster

Klik op

Om een beeldschermvullende diavoorstelling te laten afspelen van alle afbeeldingen in de geopende map:

Klik op

U beeindigt de diavoorstelling als volgt:

Druk op 

Vanuit *Picasa Fotoviewer* kunt u direct naar het bewerkingsvenster gaan:

Klik op Bewerken in Picasa

Direct uploaden naar een webalbum is ook mogelijk:

Klik op Uploaden

Volg de instructies zoals beschreven in *5.5 Foto's uploaden met de Drop Box*

Een geopende afbeelding in *Fotoviewer* kunt u ook direct in een ander programma laten openen:

Klik op

Klik bij Openen met... op het programma

Om een geopende afbeelding af te drukken vanuit *Picasa Fotoviewer*:

Klik op

Klik op Afdrukken (P)

Volg de handelingen zoals beschreven in *Hoofdstuk 4 Afdrukken*

Om een geopende afbeelding te e-mailen vanuit *Picasa Fotoviewer*:

Klik op

Klik op E-mail (M)

Volg de handelingen zoals beschreven in *Hoofdstuk 9 Delen*

U kunt de geopende afbeelding direct uploaden naar uw weblog:

Klik op

Klik op BlogThis! (B)

Volg de handelingen zoals beschreven in *Hoofdstuk 5 Webalbum en weblog*

Om het *Configuratiescherm* van *Picasa Fotoviewer* te openen:

- Klik op ▼
- Klik op Configuratie (C)

Of via het venster van *Picasa*:

- Klik op Extra, Fotoviewer configureren...

Indien u *Picasa Fotoviewer* niet als standaardprogramma wilt gebruiken voor het openen van afbeeldingen:

- Klik een rondje bij De Picasa-fotoviewer niet gebruiken

Of als u voor het openen van bepaalde typen afbeeldingsbestanden niet *Picasa Fotoviewer* wilt gebruiken:

- Klik de vinkjes weg bij de gewenste bestandstypen

Vanuit *Picasa Fotoviewer* kunt u zich aanmelden voor webalbums. Vanuit het *Configuratiescherm* van *Fotoviewer*:

- Klik op tabblad Webalbums

☞ Volg de handelingen zoals beschreven in *Hoofdstuk 5 Webalbum en weblog*

U kunt de instelling maken dat het scrollwiel van uw muis niet gebruikt wordt voor het zoomen. Vanuit het *Configuratiescherm* van *Fotoviewer*:

- Klik op tabblad Gebruikersinterface
- Klik het vinkje weg bij
  Zoomen met muiswiel (houd Ctrl ingedrukt om te navigeren)

U kunt de *Fotoviewer*-actiebalk ook niet automatisch laten tonen. Vanuit het *Configuratiescherm* van *Fotoviewer*:

- Klik op tabblad Gebruikersinterface
- Klik het vinkje weg bij
  Fotoviewer-actiebalk automatisch verbergen bij volledige schermweergave

Als u *Picasa Fotoviewer* niet automatisch op volledige beeldschermgrootte wilt laten openen. Vanuit het *Configuratiescherm* van *Fotoviewer*:

Klik op tabblad Gebruikersinterface

Klik het vinkje weg bij
Starten in volledig scherm (fotoviewer moet hiervoor opnieuw worden gestart)

Klik op OK

Sluit *Picasa Fotoviewer* en start het programma opnieuw

Standaard heeft *Picasa Fotoviewer* een transparante achtergrond. U kunt de achtergrond ook niet transparant laten tonen. Vanuit het *Configuratiescherm* van *Fotoviewer*:

Klik op tabblad Gebruikersinterface

Klik het vinkje weg bij
Transparante achtergrond (fotoviewer moet hiervoor opnieuw worden gestart)

Klik op OK

Sluit *Picasa Fotoviewer* en start het programma opnieuw

10.2 Timeline

Met de functie Timeline kunt u alle mappen en afbeeldingen interactief en op volgorde van datum op schermvullend op uw beeldscherm tonen. Dit werkt als volgt:

Klik op Beeld, Timeline

Om de gewenste map te selecteren:

Klik op de map

Of:

Klik op ➡ of ⬅ tot de gewenste map is geselecteerd

Of via de tijdlijn april 2004 maart 2010:

Versleep het schuifje

Of via het gedeelte van het venster dat de mappen weergeeft:

Klik in het venster en houd de muisknop ingedrukt

Versleep de aanwijzer tot de gewenste map is geselecteerd

Om een diavoorstelling te openen:

Klik op

Om terug te gaan naar het venster van *Picasa*:

Klik op

Zie ook: 10.5 Afbeelding als bureaublad-achtergrond

10.3 Screensaver

Via *Picasa* kunt u uw screensaver instellen:

Klik op Extra, Screensaver configureren...

U ziet het *Windows*-venster *Instellingen voor schermbeveiliging*. Om de instellingen in *Picasa* te bekijken:

Klik op Instellingen...

U kunt aangeven welke afbeeldingen moeten worden weergegeven en met welke instellingen:

Klik bij Foto's weergeven van: één of meerdere vinkje(s) bij de gewenste optie(s)

Klik op Configureren...

Maak de gewenste instellingen

U kunt de screensaver een bepaald effect geven:

Klik bij Visueel effect: op

Klik op een effect

Om de weergavetijd te wijzigen:

- Versleep het schuifje bij Afbeelding elke 7.5 seconde(n) wijzigen:

Als u de bijschriften bij de afbeelidngen niet wilt weergeven:

- Klik het vinkje ☑ weg bij Bijschriften weergeven

Wanneer alle instellingen zijn gemaakt:

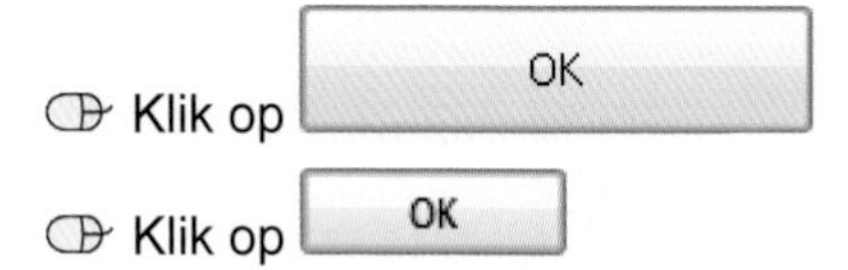

Om meer afbeeldingen aan een screensaver toe te voegen:

- Klik op de afbeelding(en)
- Sleep de afbeelding naar het album Screensaver (5)

Of:

- Klik op Maken, Toevoegen aan screensaver...

10.4 Collage maken

In *Picasa* kunt u eenvoudig een collage maken:

☞ Plaats de afbeeldingen in het fotovak (zie *1.17 Fotovak*)

- Klik op 

Of:

- Klik op Maken, Afbeeldingscollage...

Standaard wordt de collage weergegeven als stapel afbeeldingen. Om een andere collage-indeling te kiezen:

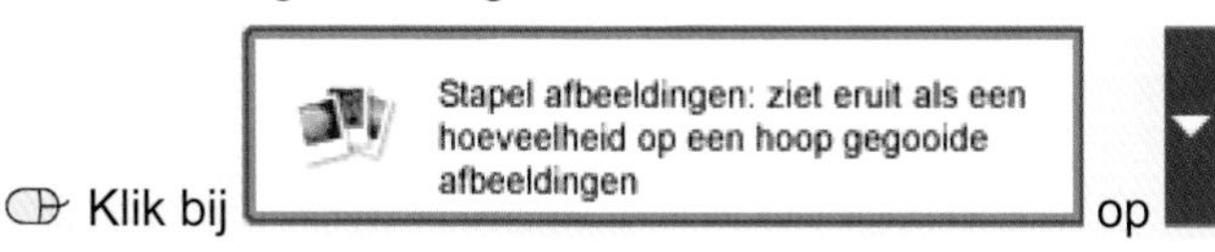

- Klik op de gewenste collage-indeling

Om een eenvoudige rand of rand van een instant camera toe te voegen aan de afbeeldingen:

- Klik bij **Fotoranden** op het gewenste type rand

U heeft verschillende opties voor de achtergrond. Om een effen kleur te selecteren:

- Klik een rondje bij **Effen kleur**
- Klik bij op
- Klik op de gewenste kleur

Om een afbeelding als achtergrond te gebruiken:

- Klik op de gewenste afbeelding
- Klik een rondje bij **Afbeelding gebruiken**

Of:

- Klik op **Als achtergrond instellen**

Om te wisselen van achtergrondafbeelding:

- Klik op de gewenste afbeelding
- Klik op **Gebruik geselecteerde** of **Als achtergrond instellen**

U kunt kiezen uit een aantal pagina-indelingen:

- Klik bij **Pagina-indeling** op
- Klik op de gewenste pagina-indeling

Om zelf een pagina-indeling toe te voegen:

- Klik bij **Pagina-indeling** op
- Klik op **Aangepaste beeldverhouding toevoegen...**
- Typ bij **Afmetingen:** de gewenste afmeting
- Typ bij **Naam:** de gewenste naam
- Klik op **OK**

Om de schaduw om de afbeeldingen te verwijderen:

- Klik het vinkje ☑ weg bij **Schaduwen tekenen**

Om de titels van de afbeeldingen niet weer te geven:

- Klik het vinkje ☑ weg bij **Titels weergeven**

U kunt de afbeeldingen in de collage schudden, ofwel op een andere plaats in de collage te zetten:

- Klik op **Collage schudden**

Om de afbeeldingen te wisselen:

- Klik op **Afbeeldingen wisselen**

Om handmatig de positie van de afbeeldingen te kiezen:

- Klik op de afbeelding en houd de muisknop ingedruk
- Versleep de afbeelding

U kunt een afbeelding nog bewerken vanuit de collage:

- Klik op de afbeelding
- Klik op **Weergeven en bewerken**

Een afbeelding draaien:

- Klik op de afbeelding
- Klik op en houd de muisknop ingedrukt
- Versleep

Om een afbeelding uit de collage te verwijderen:

- Klik op **Verwijderen**

De collage kunt u als bureaubladachtergrond gebruiken:

- Klik op **Bureaubladachtergrond**

Indien de gekozen pagina-indeling niet overeenkomt met uw beeldschermresolutie, ziet u een venster met een melding:

- Klik op Niet instellen
- Klik bij Pagina-indeling op ▼
- Klik op **Huidige weergave:**
- Klik op Bureaubladachtergrond

Om alle wijzigingen op de collage te verwijderen:

- Klik op Wissen

Om terug te keren naar het venster van *Picasa*, zonder de collage op te slaan:

- Klik op Sluiten

Als de collage klaar is en u deze wilt opslaan:

- Klik op Collage maken

De collage is opgeslagen in de map Collages (2) bij Projecten.
Om de collage weer te bewerken:

- Klik op Collages (2)
- Dubbelklik op de collage
- Klik op Collage bewerken

10.5 Afbeelding als bureaubladachtergrond

Zie ook: 10.3 Screensaver

U stelt als volgt via *Picasa* een afbeelding in als bureaubladachtergrond:

- Klik op de afbeelding
- Klik op Maken, Instellen als bureaublad...

10.6 Poster maken

Met de functie *Een poster maken* kunt u een poster maken. Hierbij verdeelt u de afbeelding in losse delen en drukt u ieder gedeelte afzonderlijk af. Door deze uitvergrote delen daarna samen te voegen kunt u een poster van de originele foto of afbeelding maken. Dit werkt als volgt:

Zie ook: Hoofdstuk 4 Afdrukken

Klik op de afbeelding

Klik op Maken, Een poster maken...

Selecteer bij Posterformaat de gewenste vergroting van het origineel

Selecteer bij Papierformaat: de grootte van de af te drukken delen

Als u de losse delen iets wilt laten overlappen:

Klik een vinkje ☑ bij Elkaar overlappende tegels

De afbeelding wordt in delen verdeeld en deze delen worden in het bewerkingsvenster geopend. Ook in het hoofdvenster van *Picasa* zijn deze afbeeldingen terug te vinden. U kunt de afbeeldingen afdrukken zoals u geleerd heeft in *Hoofdstuk 4 Afdrukken*.

10.7 Geocoderen

Als u *Google Earth* op uw computer heeft staan, kunt u uw foto's en afbeeldingen koppelen aan de juiste opnamelocatie (*geocoderen*) op aarde. In het fotobestand wordt dan de gps-locatie opgenomen en de afbeelding wordt weergegeven op de satellietkaart van *Google Earth*. Dit werkt als volgt:

Plaats de gewenste afbeeldingen in het fotovak zoals beschreven in *1.17 Fotovak*

Klik op 

Google Earth wordt geopend:

Sluit, indien nodig, het venster *Starterstips*

Typ bij Vliegen naar de locatie

Klik op

Sleep het kruisje naar de juiste locatie op de kaart

Klik op Geocoderen, Voltooid

10.8 Opties van Picasa

In *Picasa* kunt u nog een aantal opties instellen:

Klik op Extra, Opties...

Klik op tabblad Algemeen

Om geen speciale effecten te gebruiken tijdens het werken met *Picasa*:

Klik het vinkje ☑ weg bij Speciale effecten gebruiken

Picasa kan suggesties geven voor labels (tags). Om geen hulptags te gebruiken:

Klik het vinkje ☑ weg bij Hulptags tonen

Een snelle manier om de bewerkingsweergave te sluiten, is dubbelklikken in het gedeelte van het venster met de afbeelding of film. Om dit te wijzigen in éénmaal klikken:

Klik een vinkje ☑ bij
Eén keer klikken om de bewerkingsweergave te sluiten

Picasa kan tijdens het importeren van bestanden dubbele bestanden herkennen. Om geen gebruik te maken van deze optie:

Klik het vinkje ☑ weg bij
Dubbele bestanden detecteren tijdens het importeren

Bij het uploaden en e-mailen van bestanden worden tijdelijke bestanden aangemaakt. Om deze bestanden te wissen:

Klik een vinkje ☑ bij Cachebestanden wissen

Om bij het verwijderen van bestanden van de harde schijf geen bevestiging meer te vragen:

Klik een vinkje ☑ bij Zonder bevestiging van schijf verwijderen

Om bij het verwijderen van bestanden uit een album geen bevestiging meer te vragen:

- Klik een vinkje ☑ bij Zonder bevestiging uit album verwijderen

Google probeert het programma *Picasa* steeds te vernieuwen. Daarbij maakt zij gebruik van gegevens van gebruikers over het werken met het programma, zogenoemde gebruiksstatistieken. Als u hieraan mee wilt werken en uw gebruiksstatistieken naar *Google* wilt zenden:

- Klik een vinkje ☑ bij Anonieme gebruiksstatistieken naar Google verzenden

U kunt *Picasa* in een andere taal uitvoeren:

- Klik bij Taal: op Systeemstandaard (nl)
- Klik op de gewenste taal

Sluit *Picasa* en start het programma opnieuw

10.9 Opties voor weergave van bestandstypen

Om in te stellen welke bestandstypen worden getoond:

- Klik op Extra, Opties...
- Klik op tabblad Bestandstypen
- Klik vinkjes ☑ bij de gewenste bestandstypen

10.10 Helpfunctie van Picasa

Om de helpfunctie van *Picasa* te raadplegen, doet u het volgende:

- Klik op Help, Helpinhoud en -index
- Typ een zoekterm
- Klik op Help doorzoeken

Bijlage A Begrippenlijst

Woordenlijst

Accenten	Bij het instellen van de belichting een methode van licht invullen waarbij de lichte delen extra licht worden. De lichte delen worden levendiger.
Afbeelding	In *Picasa* is dit de algemene benaming voor een grafisch bestand, zoals een foto of tekening.
Afdrukopmaak	In *Picasa* kunt u afbeeldingen op verschillende formaten afdrukken. Zo'n grootte wordt afdrukopmaak genoemd.
Afstellen	Het tabblad *Afstellen* gebruikt u vooral bij het handmatig bewerken van foto's. Hiermee kunt u de kleur, belichting en het contrast van uw foto's aanpassen.
Album	Albums zijn virtuele groepen afbeeldingen die alleen bestaan in de *Picasa*-software. Een album bevat koppelingen naar de werkelijke bestanden op de harde schijf van uw pc. U kunt afbeeldingen combineren in een album of één afbeelding gebruiken in meerdere albums zonder extra ruimte op de harde schijf te gebruiken. Als u afbeeldingen in een album of volledige albums verwijdert, blijven de oorspronkelijke afbeeldingsbestanden behouden.
Apply	Engels voor een bewerking of instelling toepassen.
Automatische correctie	*Picasa* automatisch een aantal correcties laten uitvoeren op een afbeelding. Hiermee worden bijvoorbeeld automatisch het contrast, de belichting en kleur aangepast.
Back-up	Een veiligheidskopie van bestanden op een computer. Met *Picasa* kunt u een back-up maken van uw afbeeldings- en videobestanden.
Basisbewerkingen	Dit tabblad gebruikt u om eenvoudige bewerkingen toe te passen.

Beginwaarden	Wanneer gedane handelingen op een bestand (in *Picasa* handelingen met betrekking tot de bewerking) ongedaan worden gemaakt, keert u weer terug naar de beginwaarden van het bestand.
Bewerkingsvenster	Venster waarin een geopende afbeelding wordt getoond. Aan de linkerkant staan in dit venster knoppen en tabbladen voor het bewerken van afbeeldingen.
Bibliotheek	Venster met het overzicht van alle afbeeldingen, mappen en albums in *Picasa*.
Bijschrift	Beschrijving die u aan een afbeelding geeft. Dit kunt u vanuit het bewerkingsvenster doen. In *Picasa* wordt een bijschrift ook wel titel genoemd.
Bijsnijden	Gedeelte van een foto afsnijden dat u niet wilt weergeven.
Blogger	Naam van het webprogramma van *Google* waarmee u snel op het web kunt publiceren. Een blogger is ook de benaming voor een persoon die een weblog bijhoudt.
Bureaubladachtergrond	De afbeelding of kleur die getoond wordt als achtergrond van uw bureaublad.
Cadeau-cd/dvd	Diavoorstelling op cd of dvd om af te spelen op een computer.
Collage	Verzameling foto's die op verschillende manieren speels op een blad kunnen worden afgedrukt.
Configuratiescherm	Venster waarin u instellingen voor programma's kunt maken.
Contactvel	Afdrukweergave waarbij miniatuurweergaven van uw afbeeldingen worden afgedrukt.
Contrast	Kleurverschil tussen aangrenzende delen van een foto.
Delen	Het beschikbaar stellen van uw bestanden aan anderen zodat zij uw bestanden kunnen bekijken. Dit kan bijvoorbeeld via een webalbum of weblog.
Detecteren	Herkennen.
Dia	Foto die onderdeel is van een diavoorstelling.

Diavoorstelling	Verzameling foto's en videoclips in één map of album die als serie worden bekeken. De tijdsduur per dia en de wijze van overgang tussen de dia's is tijdens het afspelen instelbaar. Als de inhoud van de map of het album wijzigt, verandert de diavoorstelling.
Drop Box	De *Drop Box* is een online album dat dienst doet als verzamelplaats voor verschillende typen snelle uploads van foto's. U kunt deze *Drop Box*-foto's gemakkelijk verplaatsen naar andere online albums. De *Drop Box* is pas zichtbaar in *Picasa*-webalbums nadat u er daadwerkelijk een foto in heeft geplaatst.
Effect	Filter dat over de foto wordt gelegd om de scherpte, kleur of resolutie geheel of gedeeltelijk te veranderen. *Picasa* kent twaalf verschillende effecten die afzonderlijk of in combinaties kunnen worden toegepast.
Exif-gegevens	Exif (Exchangable Image File Format)-informatie bevat details over het fotobestand, de camera en camera-instellingen die werden gebruikt toen de foto werd genomen.
Exporteren	Foto of film opslaan voor gebruik in een ander programma. U kunt met de functie *Exporteren* een andere locatie opgeven en u kunt het bestandsformaat en de kwaliteit van de geëxporteerde kopie veranderen.
Externe harde schijf	Extern opslagapparaat waarop u bestanden kunt opslaan. Het apparaat is met uw pc verbonden via een USB-kabel.
Film	Verzameling foto's en videoclips in één of meerdere mappen of albums, eventueel aangevuld met geluidsbestanden, die zijn samengevoegd tot één bestand. De tijdsduur per dia en de wijze van overgang tussen de dia's worden vastgelegd bij het maken van de film. Wijzigingen in mappen of albums hebben geen invloed op de film.
Filmweergave	Afmetingen voor het vertonen van een film op een beeldscherm.

Formaat	Afmeting van een afbeelding of video. Vaak gemeten in pixels of op een bepaalde resolutie.
Fotovak	In het fotovak kunt u handelingen uitvoeren voor één of meer foto's, zoals afdrukken, e-mailen of verplaatsen. U vindt het fotovak onder in de bibliotheek.
Fotoviewer	Programma dat wordt meegeleverd bij *Picasa* en gebruikt kan worden als weergaveprogramma van afbeeldingen.
Gebruikersinterface	Tabblad in het *Configuratiescherm* van *Picasa Fotoviewer* waarin u verschillende instellingen kunt maken.
Gebruikersnaam	Naam waarmee u inlogt bij een account. In het geval van een *Google*-account is dit een e-mailadres.
Gefilterde zwart-witfoto	Effect waarmee een foto er uitziet alsof hij genomen is met een zwart-wit filmrolletje en een kleurenfilter.
Geheugenkaart	Geheugen in de vorm van een kaart waarop digitale gegevens kunnen worden opgeslagen.
Geleidelijke tint	Effect waarbij u een geleidelijke overgang van een kleur naar keuze toevoegt op de bovenste helft van de foto. U maakt hiermee bijvoorbeeld grijze luchten blauw.
Geocoderen	Foto's koppelen aan de juiste opnamelocatie op aarde. In het fotobestand wordt dan de gps-locatie opgenomen en de foto wordt weergegeven op de satellietkaart van *Google Earth*.
Gezichtsherkenning	Foto's scannen op aanwezigheid van gezichten.
Glans	Effect waarmee u de witte gebieden van een foto helderder maakt, waardoor een dromerig effect ontstaat.
Google-account	Dit heeft u nodig om gebruik te kunnen maken van bepaalde onderdelen van *Google*, zoals *Picasa* webalbums. U krijgt toegang tot uw account via een gebruikersnaam en wachtwoord. In uw account worden bepaalde persoonlijke instellingen en gegevens opgeslagen.

Gradenboog	Verschijnt als u tekst heeft toegevoegd aan een foto. Hiermee kunt u de tekst draaien en vergroten of verkleinen.
Harde schijf	Opslagapparaat in de systeemkast van uw pc waar uw bestanden en programma's worden opgeslagen. Ook wel vaste schijf genoemd.
Helderheid	De waargenomen hoeveelheid licht in een foto. Bij een lage helderheid worden de kleuren vaag en bij een hoge helderheid worden ze helder.
HTML-pagina	Om uw afbeeldingen en films met *Internet Explorer* te bekijken of deze te plaatsen op uw eigen website, kunt u ze exporteren in HTML-formaat.
Importeren	Bestanden inlezen die zijn opgeslagen in een ander programma of op een extern apparaat, zoals een digitale foto- of videocamera, USB-stick of externe harde schijf.
Installeren	De onderdelen van een programma op uw pc installeren. Hierbij moeten de onderdelen naar de juiste plaats op uw harde schijf zijn gekopieerd. Dit wordt gedaan door het installatieprogramma.
Inzoomen	Een deel van een foto vergroot weergeven.
JPG/JPEG	Bestandsformaat voor afbeeldingsbestanden. Afkorting van Joint Photographic Experts Group.
Kleurbalans	Evenwicht tussen kleuren in een afbeelding.
Kleurtemperatuur	Kleurschakering in een afbeelding die een bepaalde 'temperatuur' suggereert. Meer rood is warmer, meer blauw is koeler.
Kleurtint	Bepaalde kleur in een afbeelding.
Label	Trefwoord dat aan een afbeelding of video wordt toegevoegd om deze gemakkelijker te kunnen vinden. Ook wel tag genoemd.
Licht invullen	Een foto met tegenlicht of een donkere foto lichter maken en de details in de lichtere gebieden van de foto te behouden.
Map	Met behulp van mappen kunt u uw bestanden organiseren.

Mappenbeheer	In *Picasa* kunt u via mappenbeheer aangeven welke mappen op uw pc gescand moeten worden door *Picasa*. De gescande mappen worden weergegeven in het programma en de bestanden in deze mappen kunt u beheren en bewerken.
Mappenlijst	Overzicht van alle mappen met foto's op uw computer en alle albums die u heeft gemaakt. De mappenlijst staat aan de linkerkant van de bibliotheek.
Mapvenster	Venster van *Windows Verkenner* waarin alle mappen en bestanden op uw pc kunnen worden beheerd.
Miniatuurweergave/ miniaturenoverzicht	Weergave van miniaturen van de foto's aan de rechterkant van de bibliotheek.
Momentopname	Een foto maken van een enkel beeld van een film.
MP3	Bestandsformaat voor geluidsbestanden.
Naamlabel	Label met de naam van een persoon.
Neutrale kleur	Gedeelte van de foto dat door *Picasa* als grijs of wit moet worden beschouwd. *Picasa* stemt vervolgens de omliggende kleuren af volgens de geselecteerde kleur.
Ongedaan maken	Opdracht om de laatste handeling ongedaan te maken.
Online fotocentrale	Foto's kunt u via *Picasa* naar een online fotoservice sturen. Daar worden de foto's dan afgedrukt en u kunt de afdrukken thuisgestuurd krijgen of ophalen in de desbetreffende winkel.
Opnamedatum	Datum waarop een foto of video is gemaakt.
Opslaan	In *Picasa* slaat u een bewerkte afbeelding op als JPEG-bestand. Hierbij wordt een reservekopie van het bestand gemaakt, zodat het originele bestand behouden blijft. De bewerkte afbeelding wordt op dezelfde locatie op de harde schijf en met dezelfde naam opgeslagen als het onbewerkte bestand. Het originele bestand wordt opgeslagen in de map *Originals*. Dit is een map die bij het opslaan wordt aangemaakt en die niet standaard zichtbaar is in *Picasa* of *Windows Verkenner*.

Opslaan als	In *Picasa* kunt u een afbeelding opslaan onder een andere naam of op een andere locatie op de harde schijf van uw pc. De bestandsindeling is standaard JPEG. Dit kan niet gewijzigd worden.
Originals	Bij het opslaan van bestanden in *Picasa* wordt het originele bestand opgeslagen in de map *Originals*. Dit is een map die bij het opslaan wordt aangemaakt en die niet standaard zichtbaar is in *Picasa* of *Windows Verkenner*.
Overgang	Manier waarop twee opeenvolgende dia's in elkaar overlopen. Hiervoor worden vaak speciale bewegingseffecten gebruikt.
Personenalbum	Album in *Picasa* waarin alle afbeeldingen staan die door gezichtsherkenning zijn herkend als persoon.
Picasa-database	Database waarin alle bewerkingen in *Picasa* staan. Bij verwijderen van de database gaan deze verloren en ook uw indeling in albums. De foto's blijven echter behouden en deze kunt u gewoon gebruiken in andere programma's.
Pixel	Het kleinste element dat wordt gebruikt om een digitale afbeelding te vormen, ook wel beeldpuntje genoemd.
Poster	In *Picasa* kunt u een poster maken. Hierbij wordt een afbeelding in delen gesplitst die u kunt printen op bijvoorbeeld A4-papier en daarna handmatig aan elkaar kunt plakken.
Publiceren	Een afbeelding of video op internet plaatsen.
Recht maken	Scheefstaande onderdelen op een foto rechtzetten, zoals gebouwen.
Resolutie	De scherpte van een foto. De resolutie wordt bepaald door het aantal pixels waaruit de foto bestaat.
Retoucheren	Het wegwerken van vlekjes, krassen of beschadigingen om de fotokwaliteit te verbeteren.
Rode ogen	Rood oplichten van de pupil van een oog. Op foto's kan dit te zien zijn bij gebruik van een flitser.

Roteren	Draaien.
Scannen	Doorzoeken van uw pc op afbeeldingen en videobestanden.
Schaduwen	Functie om de hele foto donkerder te maken, waardoor de donkere gebieden duidelijker worden.
Schermopname/ schermafbeelding	Een afbeelding waarin wordt weergegeven wat er op het beeldscherm staat.
Scherper maken	Hiermee maakt u de randen van objecten in uw foto's scherper en minder vaag.
Screensaver	Engels voor schermbeveiliging. Een bewegend beeld dat op een beeldscherm verschijnt wanneer de muis en het toetsenbord gedurende een bepaalde tijd niet zijn gebruikt.
Sepia-effect	Effect waarmee u een ouderwets effect creëert door de foto een bruine tint te geven.
Sjabloon	Een sjabloon is in de weblog *Blogger* een ontwerp waarmee wordt bepaald hoe uw blogberichten worden weergegeven.
Sorteren	Bestanden rangschikken.
Standaard-programma	Het ingestelde programma voor het openen van een bepaald type bestand.
Ster	Met de classificatiefunctie *Ster* kunt u uw favoriete foto's in uw verzameling markeren.
Synchroniseren	Proces waarbij de verschillen tussen een serie bestanden op de ene locatie en een kopie van de bestanden op een andere locatie op elkaar worden afgestemd. Op beide locaties staan dan altijd dezelfde serie bestanden.
Tag	Zie label.
Tekenstijl	Letterweergave, bijvoorbeeld cursief, vet of onderstreept.
Terugzetten	Bij een afbeelding: een opgeslagen afbeelding herstellen naar de originele versie van het bestand. Bij een back-up: het opnieuw op de harde schijf zetten van bestanden die als back-up zijn opgeslagen.

Timeline	Met deze functie kunt u alle mappen en foto's interactief en op volgorde van datum schermvullend op uw beeldscherm vertonen.
Tint	Effect waarmee u de kleur uit de foto haalt en er een gekleurde tint overheen legt.
Titel	Beschrijving bij een bestand, ook wel bijschrift genoemd. Kan bestaan uit de bestandsnaam, labels, resolutie of een zelfgekozen beschrijving.
Titeldia	Dia met tekst waar een diavoorstelling meestal mee begint of die de overgang van scènes aangeeft. Ook een foto kan als (achtergrond van een) titeldia dienen.
Toepassen	Akkoord gaan met de gemaakte bewerkingen of instellingen.
Transparantie	Mate van doorzichtigheid.
Uitlijning	De manier waarop de regels in een alinea tussen de kantlijnen worden gezet.
Uitsnede	Een bijgesneden afbeelding.
Uitzoomen	Een deel van een foto verkleind weergeven.
Update	Aanvullingen of verbeteringen op bestaande software. Deze worden gratis ter beschikking gesteld aan gebruikers van een programma.
Uploaden	Een bestand van uw computer naar internet of een andere computer kopiëren.
USB-poort	Smal, rechthoekig aansluitpunt op een pc waarop u een USB-apparaat kunt aansluiten, zoals een digitale foto- of videocamera, USB-stick of externe harde schijf.
USB-stick	Een klein apparaat waarop digitale gegevens worden opgeslagen. Een USB-stick wordt aangesloten op de USB-poort van uw pc.
Vastpinnen	Bestanden uit verschillende mappen selecteren en vasthouden in het fotovak.
Veiligheidskopie	Zie back-up.
Verhouding	Breedte en hoogte weergegeven als maat.
Verzadiging	De volheid ofwel levendigheid van de kleuren van een foto.

Video	Bestand met bewegende beelden en eventueel ook met geluid. Videoclips zijn meestal afkomstig van een videocamera, mobiele telefoon, webcam of gedownload van internet.
Warmer maken	Effect waarmee u aan een foto warme kleuren toevoegt, zodat bijvoorbeeld de huidtint mooier wordt.
Watermerk	Witte tekst die tijdens het export- of uploadproces rechtsonder in een foto wordt geplaatst.
Webalbum	Een webalbum is een locatie op internet waar u foto's kunt plaatsen om aan anderen te laten zien. Daarvoor moet u zich eerst aanmelden. U kunt de met *Picasa* bewerkte foto's in ieder webalbum op internet plaatsen.
Webcam	Kleine camera die u op de computer kunt aansluiten en waarmee u onder andere video kunt opnemen en via internet beelden kunt verzenden.
Weblog	Een persoonlijke webpagina die regelmatig wordt bijgewerkt. Weblogs worden dikwijls gebruikt om persoonlijke informatie op informele wijze te publiceren.
Websynchronisatie	Zie synchroniseren.
Weergavetijd	Tijd dat een dia wordt weergegeven in een diavoorstelling.
Windows Media Player	Programma waarmee u onder andere foto- en videobestanden kunt afspelen.
Windows Verkenner	Het programma waarmee in *Windows* het mapvenster wordt geopend en waarmee u in *Windows* uw bestanden kunt beheren.
WMA	Afkorting voor Windows Media Audio. Een geluidsbestandsformaat.
WMV	Afkorting voor Windows Media Video. Een videobestandsformaat.
YouTube	Openbare website waar u na registratie eigen videoclips kunt plaatsen die daarna door anderen bekeken kunnen worden.
Zachte focus	Effect waarmee u in een foto de focus rond een punt naar keuze kunt verzachten.

Zichtbaarheid	Met de zichtbaarheidsopties voor albums kunt u de privacy van uw albums bepalen. U kunt de zichtbaarheidsopties voor albums instellen tijdens het uploadproces en deze op elk gewenst moment wijzigen in *Picasa* en *Picasa*-webalbums.
Zoomen	De weergave van een foto vergroten (inzoomen) of verkleinen (uitzoomen).
Zoomvak	Klein vak in *Picasa* waarmee u kunt in- en uitzoomen.
Zwart-witte focus	Effect waarmee u een foto zwart-wit maakt, behalve één cirkelvormig gebied. U kunt de grootte en scherpte van het gekleurde gebied definiëren.

Bron: Picasa, Windows Help en ondersteuning en Wikipedia

Bijlage B Picasa installeren, controleren op updates en verwijderen

Picasa downloaden en installeren

U download en installeert *Picasa* als volgt:

☞ Open *Internet Explorer*

☞ Open de webpagina picasa.google.com

Klik op Picasa downloaden

Als het downloaden van bestanden op uw pc geblokkeerd wordt:

Rechtsklik op de blauwe balk

Klik op Bestand downloaden...

Indien u het installatiebestand eerst op uw pc wilt opslaan:

Klik op Opslaan

☞ Selecteer de gewenste map

Klik op Opslaan

Na het opslaan van het installatiebestand, of als u de installatie direct wilt laten uitvoeren:

Klik op Uitvoeren, Uitvoeren

☞ Geef, indien nodig, toestemming om door te gaan

Klik op Akkoord, Installeren

Klik, indien gewenst, de vinkjes ☑ weg bij de aangeboden opties

Klik op Voltooien

Picasa is nu geïnstalleerd op uw pc.

☞ Sluit *Internet Explorer*

Controleren op updates

Standaard is ingesteld dat *Picasa* automatisch updates installeert. Om evengoed te controleren op updates:

Klik op **Help**, **updates controleren**

☞ Volg de handelingen in de vensters

Om de instellingen voor updates te bekijken of wijzigen:

Klik op **Extra**, **Opties...**

☞ Selecteer bij **Automatische updates:** de gewenste optie

Picasa verwijderen van uw pc

U verwijdert *Picasa* als volgt van uw pc. In *Windows 7* en *Vista*:

In *Windows XP*:

Daarna:

Klik op Picasa 3, Installatie ongedaan maken

☞ Geef, indien nodig, toestemming om door te gaan

Klik op **Verwijderen**

Als u de *Picasa*-database met alle bewerkingen en indelingen in Picasa en de indeling in albums ook wilt verwijderen:

Klik op **Ja**

Als u de *Picasa*-database wilt behouden (aan te raden als u het programma herinstalleert):

Klik op Nee

Vervolgens:

Klik op Voltooien

Bijlage C Een Google-account maken

Om een aantal van de extra functies van programma's van *Google* te kunnen gebruiken, heeft u een *Google*-account nodig. Deze is gratis en kunt u als volgt maken:

Open de webpagina www.google.nl

Klik op Aanmelden

Klik op **Nu een account maken**

Typ bij **Uw huidige e-mailadres:** uw e-mailadres

Typ bij **Kies een wachtwoord:** een wachtwoord

Typ bij **Wachtwoord nogmaals typen:** nogmaals het wachtwoord

Klik de vinkjes ☑ weg bij Aangemeld blijven, Webgeschiedenis inschakelen en Google instellen als mijn standaardstartpagina.

Typ de letters van de afbeelding

Klik op Ik ga akkoord. Maak mijn account.

Open uw e-mailprogramma

Open het bericht

Klik op de link in het bericht

Sluit het venster

Sluit het e-mailprogramma

Klik op X

Bijlage D Index

A

B

C

D

E

P

R

S

T

U

V